ANKERKRAUT

GESCHMACKSMANUFAKTUR

—— DAS ——

GRILL
BUCH

AM GRILL MIT
ANNE & STEFAN

WIR WIDMEN DIESES BUCH ANNES ELTERN,
THOMAS UND ELISABETH GLATZEL.
OHNE EUREN RATSCHLAG, EUREN GLAUBEN
AN UNS UND EUREN RÜCKHALT WÄRE
ANKERKRAUT NICHT DAS, WAS ES JETZT IST.
WIR HABEN EUCH LIEB.

INHALT

DAS AUGE
WÜRZT MIT

VORWORT

Niemals werde ich den Tag vergessen, an dem Anne mir ein Foto von einem tätowierten Ankerkraut Logo schickte und der Frage „Na, hat sich schon mal jemand ein von dir designtes Logo tätowieren lassen?" Das war ein sehr unerwartetes Highlight meiner Karriere. Auch heute staune ich immer wieder, welche Begeisterung Ankerkraut bei den vielen Fans auslöst. Ich denke, es lässt sich damit erklären, dass Ankerkraut eben so viel mehr ist als eine Gewürzmarke. Es steht für die Wertschätzung von Qualität, Genuss und die Freude an den schönen Dingen des Lebens.

Ich arbeite seit über fünf Jahren mit Anne und Stefan zusammen. Als Kreative für ein Unternehmen tätig zu sein, das so viel Wert auf Gestaltung legt und die Bedeutung von hochwertigem Verpackungsdesign versteht, ist eine wahre Freude. Es macht wahnsinnig viel Spaß, gemeinsam Visionen und ein Lebensgefühl zu einer Marke zu formen und „unser Baby" Ankerkraut wachsen und gedeihen zu sehen. Wir arbeiten immer daran, dass die Produkte alle Sinne ansprechen und nicht nur ein Gaumen-, sondern auch ein Augenschmaus sind.

Als Designerin macht es mich natürlich besonders stolz, dass das Verpackungsdesign bereits mit zwei Red Dot Design Awards und einem German Design Award ausgezeichnet wurde. Diese internationalen Auszeichnungen sind eine große Ehre, aber die größte Freude habe ich daran zu sehen, dass die meisten Kunden die Gewürzgläser nicht im Schrank verschwinden lassen, sondern sie stolz in ihrer Küche präsentieren.

Ankerkraut ist sehr verwurzelt in der BBQ-Szene, daher war es nur eine Frage der Zeit, bis auf das Kochbuch nun endlich das Grillbuch folgt. Auf den folgenden Seiten haben Anne & Stefan ihre ganz persönlichen Lieblingsrezepte rund um den Grill zusammengetragen, teilen ihre Profi-Tipps und Wissenswertes zum Thema BBQ. Und natürlich steckt wie in allem, was die beiden angehen, ganz viel Herz und Geschmack drin.

Ich wünsche euch gutes Gelingen, guten Appetit und hoffe, euch bereitet das Buch genauso viel Freude wie uns bei der Gestaltung.

Eure Michaela

ANKERKRAUT IN ZAHLEN

SCHWARZES ETIKETT =

BBQ-RUBS ZUM MARINIEREN VON FLEISCH

WEISSES ETIKETT =

GEWÜRZE ZUM GRILLEN UND NACHWÜRZEN

IHR HABT GEWÄHLT

ANFANG 2017 WÄHLTE DIE COMMUNITY DAS ERSTE MAL DEN NAMEN EINES ANKERKRAUT PRODUKTS:

— MANGO NO.5 —

JANUAR 2018

Bei Anne und Stefan sollen die Kilos purzeln. Ankerkraut startet mit „Fit mit Ankerkraut" eine Motivationsgruppe – über 2500 Teilnehmer

APRIL 2018

Ankerkraut bringt den ersten Sommer-Grill-Kalender mit einer exklusiven BBQ-Linie auf den Markt

JUNI 2018

Ankerkraut wird zum Lecker Leser Liebling gewählt

DER DERZEIT SCHÄRFSTE ANKERKRAUT BBQ-RUB IST „GREEN HORNET"

–KUNDENLIEBLING–

DER BELIEBTESTE ANKERKRAUT BBQ-RUB IST „MAGIC DUST"

Ü ber den Namen „Ankerkraut" musste Gründer Stefan erst mal eine Nacht schlafen. Auf der Suche nach dem perfekten Namen schlug er sich mal wieder die Nächte um die Ohren. Eins war dem Hamburger klar: Sein Produkt braucht den Bezug zum Hafen, der Elbe und dem maritimen Lifestyle. Bei der Gestaltung des ersten Etiketts landete um 2 Uhr Nachts der Name „Ankerkraut" über einem Schiff, das gerade den Anker warf. So richtig gut fühlte sich der Name aber erst am nächsten Morgen an, als er bemerkte: „Warte Mal! So schlecht ist das gar nicht!"

AUGUST 2018

Der erster Ankerkraut Store eröffnet in der Hamburger Innenstadt

AUGUST 2018

Die Ankerkraut Homepage erwartet dich im neuen Design

SEPTEMBER 2018

Anne und Stefan sind für den Deutschen Gründerpreis in der Kategorie „Aufsteiger des Jahres" nominiert und kommen unter die ersten drei Plätze

DEZEMBER 2018

Ankerkraut produziert das 1. Grillbuch

WIE KAM ES DAZU?

WELCHE ROLLE SPIELT BBQ FÜR EUCH?

BBQ ist für uns pure Lebensfreude: Am Wochenende oder im Urlaub nehmen wir uns viel Zeit zum Einkaufen, Kochen und Grillen. Da gehört ein ausgedehntes BBQ dazu: Smoker anwerfen, Fleisch marinieren und dann viele Stunden langsam garen. Wir lieben BBQ und können uns nur schwerlich ein Leben „ohne" vorstellen. Leider kommen wir im normalen Alltag oft nicht dazu, „echtes" BBQ zu machen. So gibt es dann auch gerne mal ein schnelles Steak vom OFB oder einen Lachs von der Planke.

WIESO BBQ GEWÜRZE UND WIE KAM ES DAZU?

STEFAN Ich habe immer schon selber Gewürze gemischt und wollte einfach Zeit sparen, indem ich BBQ Gewürze fertig kaufe. Ich fand allerdings keinen Anbieter, der mir richtig gut gefallen hat. So habe ich dann entschieden, selber BBQ-Gewürze herzustellen. Das ist aber nicht nur auf BBQ begrenzt: Ich war generell unzufrieden mit den Gewürzen auf dem deutschen Markt. Dies ist der Hauptgrund, wieso ich Ankerkraut gegründet habe.

WAS IST EUER LIEBSTES BBQ GERICHT?

STEFAN Schwierige Frage! Ich würde sagen, dass ich am liebsten Brisket und Short Ribs (Beef) mag und Annes Herz bei Pork Belly (Schwein) und Ribs (Schwein) höher schlägt. Allerdings mögen wir auch alles andere sehr gerne. Pulled Pork hatten wir in den ersten Ankerkraut Jahren sehr oft, daher machen wir es selbst kaum noch.

„ WIR LIEBEN BBQ UND KÖNNEN UNS NUR SCHWERLICH EIN LEBEN „OHNE" VORSTELLEN. "

WELCHER IST EUER LIEBSTER RUB UND WIESO?

STEFAN Ich mag alle Rubs gleich gern! Nein, das ist gelogen. Ich stehe total auf „Smoking Zeus", das könnte ich überall dranmachen. Grundsätzlich ist „Magic Dust" aber auch mehrmals im Monat bei uns in Gebrauch. Anne und ich haben aber immer Proben und Tester von neuen Gewürzen im Haus, daher wechseln unsere Rubs fast täglich – es ist also schwer zu sagen, was ich am liebsten mag, denn ich mag alle. Ich habe schließlich auch fast alle nach meinem Geschmack entwickelt.

ANNE Ich mag „Coffee Cannonball" am Liebten. Dieser intensive und außergewöhnliche Geschmack gibt einfach fast allem noch einen besonderen Kick.

„EIN LEBEN OHNE GRILLEN IST MÖGLICH, ABER SINNLOS."

*Lord T-Bone,
4th Earl of Barbecue*

Kategorie

DREIFALTIGKEIT

DIE

—DREIFALTIGKEIT—

„HOLY TRINITY OF BARBECUE" ODER ZU DEUTSCH „DIE HEILIGE DREIFALTIGKEIT DES BBQS"
IST DIE KÖNIGSDISZIPLIN UNTER DEN GRILLFREUNDEN. HINTER IHR VERBIRGT SICH DIE KUNST,
BEEF BRISKET, SPARERIBS UND PULLED PORK NACH NORDAMERIKANISCHEM VORBILD ZU
GRILLEN. ALLE DREI GERICHTE ZÄHLEN ZU DEN SOGENANNTEN „LONG JOBS", DA SIE GUT
MEHRERE STUNDEN BIS TAGE AUF DEM GRILL VERBRINGEN. DIESES LANGSAME UND SCHO-
NENDE GAREN MACHT DAS FLEISCH BESONDERS AROMATISCH, SAFTIG UND ZART. BRINGST
DU DIE GEDULD UND DAS KÖNNEN AUF UND MEISTERST DIESE DREI GERICHTE?

BRISKET

Das edle, große Stück Fleisch lässt fast jedem das Wasser im Munde zusammenlaufen. Und spätestens, wenn das erste gegarte Stück auf der Zunge zergeht, möchte man mehr. Die zarte Rinderbrust wird langsam und bei niedrigen Temperaturen mehrere Stunden schonend gegart. Wir empfehlen die Zubereitung auf dem Smoker, denn nur so entfaltet sich der typische, geräucherte Geschmack eines Beef Briskets.

PULLED PORK

Wer kennt ihn noch nicht - den Pulled Pork Burger. Wahrscheinlich die beliebteste Burger-Patty-Alternative überhaupt. Zusammen mit Coleslaw (S. 113) ist der Burger mit saftigem, gezupften Schweinefleisch nicht mehr von den Speisekarten wegzudenken. Und ja, auch Pulled Pork gehört zur Königsdisziplin dazu. Als Fleisch eignet sich sowohl die Schweineschulter mit Knochen als auch der Schweinenacken ohne Knochen.

RIBS

Mit den Fingern essen? Bei würzigen Ribs vom Schweinebauch gehört das einfach dazu. Und dabei macht das Abknabbern des zarten Fleisches von den Knochen nicht nur Kindern eine große Freude. Richtige, grob durchwachsene, fettige Spareribs sind Rippchen aus dem Schweinebauch, wohingegen die in Deutschland meist verwendeten Baby-Back Schweineribs direkt von der Wirbelsäule abgehen und als Kotelettrippchen gelten.

BRISKET

9 STD.   1 STD.   6 - 8 PORTIONEN

ZUTATEN

1 STÜCK RINDERBRUST MIT FETTKANTE (ETWA 2,8 KG)
6 EL ANKERKRAUT BEEF BOOSTER

AUSSERDEM

1 GROSSER GEFRIERBEUTEL
1 SMOKER
ETWA 1 HANDVOLL GROBE,
EINGEWEICHTE RÄUCHERCHIPS, NACH GESCHMACK

1. Die Rinderbrust mit Küchenpapier abtupfen und das dunkle Fett abschneiden. Das Fleisch rundherum mit Beef Booster einreiben. Die Rinderbrust in einen großen Gefrierbeutel legen. Den Beutel verschließen und das Fleisch etwa 8 Stunden marinieren. Das Fleisch zwischendurch einmal wenden.

2. Den Smoker vorheizen. Einen Teil der Räucherchips einsetzen. Die Rinderbrust bei etwa 120 °C etwa 6 – 8 Stunden garen. Das Fleisch gelegentlich wenden, dabei auch die Temperatur des Smokers kontrollieren. Damit die Temperatur konstant bleibt, zwischendurch Grillkohle in einem Anzündkamin vorheizen und in den Smoker geben. Nach der Hälfte der Garzeit wieder eingeweichte Räucherchips dazugeben.

3. Die Kerntemperatur des Fleisches sollte 90 °C betragen. Die Rinderbrust nach Ende der Garzeit mindestens 1 Stunde zugedeckt ruhen lassen. Das Fleisch aufschneiden.

—TIPP—

*Wegen des Zeitaufwands beim
Smoken lohnt es sich, gleich
zwei Stücke zu garen. Das
fertige Fleisch kann etwa 3
Monate eingefroren werden.*

PULLED PORK

8 - 10 STD.   9 STD.   6 - 8 PORTIONEN

ZUTATEN

2,5 KG SCHWEINENACKEN (OHNE KNOCHEN)
90 G MITTELSCHARFER SENF
4 EL ANKERKRAUT PULL THAT PIGGY

AUSSERDEM

1 SMOKER
EINGEWEICHTE HOLZCHIPS (Z. B. BUCHE)

1. Das Fleisch mit Küchenpapier abtupfen und rund-herum mit Senf und Pull that Piggy einreiben. Anschließend wenden und mit den Resten einstreichen und bestreuen. Das Fleisch in einen Gefrierbeutel legen und im Kühlschrank mindestens 8 Stunden marinieren. Eine Stunde vor dem Garen aus dem Kühlschrank nehmen.

2. Den Smoker nach Herstellerangaben vorheizen. Eingeweichte, abgetropfte Chips nach Hersteller-empfehlung dazugeben. Das Fleisch bei 110 – 120 °C indirekter Hitze 8 – 10 Stunden garen. Dabei immer wieder wenden. Das Fleisch ist fertig, wenn es sich leicht eindrücken lässt und weich ist.

3. Das Fleisch etwas abkühlen lassen und mit zwei Ga-beln zerzupfen. Nach Belieben zum Beispiel Coleslaw und Burger Buns dazu reichen.

RIBS

3 STD.   3 STD.   4 - 6 PORTIONEN

ZUTATEN

2 KG BABY-BACK SCHWEINERIPPCHEN
(4 STREIFEN GRILLRIPPCHEN, OHNE SILBERHAUT)
6 – 8 EL ANKERKRAUT MAGIC DUST
120 G GETROCKNETE PFLAUMEN (ENTSTEINT)
3 EL ZITRONENSAFT
4 EL AHORNSIRUP
ANKERKRAUT SALZ UND PFEFFER

1. Die Schweinerippchen mit Küchenpapier abtupfen, von beiden Seiten mit 6 Esslöffel Magic Dust einreiben und etwa 3 Stunden zugedeckt im Kühlschrank marinieren.

2. Den Grill vorheizen. Die Rippchen auf den Grill legen und bei 120 – 130 °C indirekter Hitze etwa 90 Minuten grillen. Nach der Hälfte der Garzeit wenden.

3. Inzwischen die Pflaumen mit Zitronensaft und 200 ml Wasser aufkochen, anschließend pürieren. Die Pflaumensauce mit Magic Dust, Ahornsirup, Salz und Pfeffer abschmecken.

4. Die Fleischseite der Ribs mit der Pflaumensauce bestreichen. Die Ribs mit der Knochenseite nach unten auf den Grill legen und etwa 90 Minuten bei gleicher Temperatur fertig grillen.

5. Die Ribs mit der übrigen Sauce servieren.

DER GRILL

RÄUCHERN

Egal ob heiß-, warm- oder kalträuchern, wir räuchern nur bei Temperaturen von bis zu 100°C. In erster Linie geht es dabei immer um die Konservierung des Grillguts durch den Wasserentzug, die antibakterielle Wirkung des Rauches und die aromatische Rauch-Note die dem Grillgut mitgegeben wird.

———— *vs.* ————

SMOKEN

Saftig, zart und unvergleichlich rauchig aromatisch. Klingt gut? Dann bring Zeit und Geduld mit, hau dein Grillgut in den Smoker und schmore es mit heißem Rauch. Das ist echtes Barbecue! Im Vergleich zum Räuchern darf die 100°C Marke hier geknackt werden, um Evergreens wie Pulled Pork, Spare Ribs oder Beef Brisket zuzubereiten.

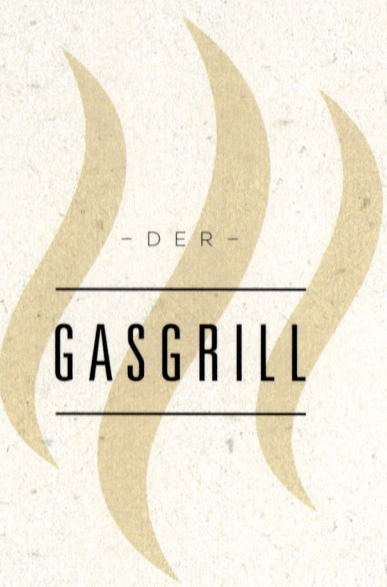

– DER –

GASGRILL

Als Vorreiter im BBQ sind die Amis auch beim Einsatz vom Gasgrill ganz vorne mit dabei. Warum? Weil der Gasgrill schnell ist, auf den Punkt temperiert werden kann und zudem ohne extreme Rauchentwicklung und Funken einen „auf gute Nachbarschaft" macht. Alles wichtige Faktoren, die auch uns schon überzeugt haben. Und wenn dir der typisch holzige Grillgeschmack fehlt, empfehlen wir den Einsatz von Grillplanken.

BEIM GRILLEN GEHT ES UM DIE ZUBEREITUNGSMETHODE VON FLEISCH UND ANDEREN LEBENS-MITTELN ÜBER FESTEN ODER FLÜSSIGEN BRENNSTOFFEN - VORZUGSWEISE IM FREIEN. DIE WICH-TIGSTE VORAUSSETZUNG IST, DASS DIE BRENNSTOFFE AUCH BRENNEN. DAFÜR GEHT'S EINMAL ZURÜCK AUF DIE SCHULBANK: SIE BRENNEN, INDEM SIE ERHITZT WERDEN. DIE DÄMPFE UND GASE, DIE DABEI FREIGESETZT WERDEN, FANGEN DURCH EINEN FUNKEN FEUER UND DIE FLAMMEN WERDEN MITHILFE VON SAUERSTOFF AM LODERN GEHALTEN. ABER GENUG CHEMIE-UNTERRICHT! VIEL WICHTIGER IST DOCH, MIT WELCHER FORM DER ENERGIEZUFUHR MAN WELCHES GRILLGUT AM LECKERSTEN ZUBEREITET.

- D E R -

HOLZKOHLEGRILL

Im Vergleich zu Amerika dominiert in Good old Germany immer noch der herkömmliche Holz-kohlegrill. Die Vorteile? Du bekommst ihn schon zum kleinen Preis, kannst ihn auch mal mit in den Park nehmen und vor allem fühlt es sich unheimlich gut an, ein eigenes Feuer samt Flammen, Funken und knisternder Kohle zu machen. Um die Geduld des Grillers nicht auf die Probe zu stellen, wird die Kohle heutzutage gerne mit Anzündkaminen durchgeglüht. Diese Methode verspricht ein unverzügliches und gleichmäßiges Grillerlebnis.

- D E R -

ELEKTROGRILL

Auch auf dem Elektrogrill lässt sich fast jedes Grillgut schnell und unkompliziert zubereiten. Vielleicht eignet er sich nicht für ein Pulled Pork, aber für die Bratwurst, das Steak und den Schaschlik-Spieß erfüllt er schnell und prä-zise seinen Zweck. Beim Kauf solltest du auf eine solide und stabile Bauweise achten. Dann kannst du ihn sogar in Wohngegenden an-schmeißen und sorgenfrei den Sommer und dein frisch gegrilltes Stück Fleisch genießen.

„NENN MICH
BURGERMEISTER"

*sagte Stefan und
biss genüsslich zu.*

Kategorie

BURGER

BURGER BUNS

40 MIN.　　1,5 STD.　　8 BUNS

ZUTATEN

330 G WEIZENMEHL (TYPE 405)
½ PCK. TROCKENBACKHEFE
20 G ANKERKRAUT ROH-ROHRZUCKER
1 EI (GRÖSSE M)
ANKERKRAUT SALZ
170 ML MILCH
50 G WEICHE BUTTER ODER MARGARINE
MEHL ZUM BEARBEITEN

1. Mehl, Hefe und Zucker in einer Rührschüssel mischen.
   Das Ei trennen, Eiweiß kühl stellen. Eigelb, 1 Teelöffel
   Salz und Milch verrühren und zusammen mit der Butter
   zum Mehlgemisch geben. Die Zutaten zu einem glatten
   Teig verkneten. Den Teig mit Mehl bestäuben und
   zugedeckt mind. 1 Stunde gehen lassen, bis sich das
   Teigvolumen verdoppelt hat.

2. Den Teig auf der bemehlten Arbeitsfläche in 8 Portionen teilen, zu runden Brötchen formen und auf ein mit
   Backpapier belegtes Backblech legen. Die Buns etwas
   flach drücken und zugedeckt nochmals mind. 30 Minuten gehen lassen, bis sie deutlich größer geworden sind.
   Den Backofen auf 200 °C Ober-/Unterhitze vorheizen.

3. Eiweiß mit 1 Prise Salz und 1 Esslöffel Wasser verrühren.
   Die Buns damit bestreichen. Die Buns etwa 20 Minuten
   backen. Auf einem Kuchengitter erkalten lassen.

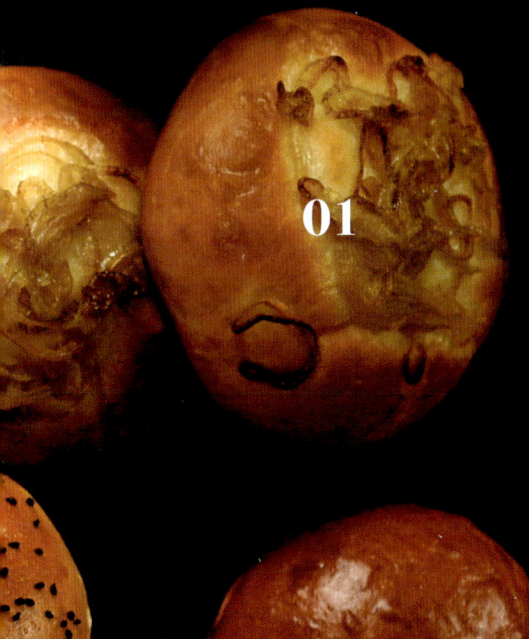

01 ZWIEBEL BUNS

Zutaten für ein Basisrezept. Zusätzlich 180 g Zwiebeln,
2 EL Öl, 1 TL Ankerkraut Roh-Rohrzucker und Ankerkraut
Salz. Den Teig zubereiten wie beschrieben. Während der
Teig geht, die Zwiebeln schälen und in Ringe schneiden.
Die Zwiebelringe bei mittlerer Hitze etwa 5 Minuten zugedeckt im Öl dünsten. Mit Zucker und Salz bestreuen und
abkühlen lassen. Die Zwiebelringe kurz vor dem Backen
auf die mit Eiweiß eingestrichenen Buns verteilen. Die
Buns wie beschrieben backen.

02 SCHWARZKÜMMEL-BUNS

Zutaten für ein Basisrezept. Zusätzlich 1 EL Ankerkraut
Schwarzkümmel zum Bestreuen. Den Teig zubereiten
und gehen lassen wie beschrieben. Die Buns nach dem
Einstreichen sofort mit Schwarzkümmel bestreuen,
danach wie beschrieben backen.

03 CURRY BUNS

Zutaten für ein Basisrezept. Zusätzlich 1–2 EL Ankerkraut
Curry Indisch. Das Currypulver zusammen mit Hefe und
Zucker unter das Mehl mischen. Anschließend den Teig
zubereiten und backen wie beschrieben.

04 ROTE BETE BUNS

Zutaten für ein Basisrezept, allerdings anstelle von
Milch 170 ml Rote Bete Saft verwenden. Den Teig
zubereiten und backen wie beschrieben.

SPARGEL HÄHNCHEN BURGER

40 MIN.   30 MIN.   4 BURGER

ZUTATEN

4 STÜCKE HÄHNCHENBRUST MIT HAUT (JE 250 G)

1 – 2 EL ANKERKRAUT SOUTH WEST CAJUN

400 G GRÜNER SPARGEL

½ SALATGURKE (ETWA 200 G)

ANKERKRAUT SALZ

100 G SALATMAYONNAISE (50 % FETT)

ANKERKRAUT HICKORY RAUCHSALZ

1 EL OLIVENÖL

4 BURGER BUNS (Z. B. MIT CURRY)

1. Das Fleisch mit Küchenpapier abtupfen, von beiden Seiten mit South West Cajun einreiben und 30 Minuten marinieren. Den Grill vorheizen

2. Inzwischen den Spargel waschen. Das untere Drittel der Stangen schälen und die Enden abschneiden. Die Gurke waschen und der Länge nach in dünne Scheiben hobeln. Die Scheiben mit etwas Salz bestreuen und Saft ziehen lassen. Die Mayonnaise mit Hickory Rauchsalz würzen.

3. Das Fleisch mit der Hautseite nach unten auf den vorgeheizten Grill legen und etwa 10 Minuten bei mittlerer, direkter Hitze grillen. Anschließend wenden und weitere 5 Minuten am Rand des Grills fertig grillen. Den Spargel dünn mit Öl bestreichen und 5 Minuten grillen, dabei mehrfach wenden. Burger Buns waagerecht durchschneiden und auf dem Grill erwärmen.

4. Das Fleisch vom Grill nehmen und 5 Minuten ruhen lassen. Spargel eventuell durchschneiden. Die Schnittflächen der Buns mit Mayonnaise bestreichen. Spargel auf die untere Hälfte der Buns legen. Die Fleischstücke der Länge nach durchschneiden und darauflegen. Gurkenscheiben etwas abtropfen lassen und auf das Fleisch geben. Mit restlichen Burgerhälften bedecken. Übrige Mayonnaise, Gurkenscheiben und Spargel dazu servieren.

PULLED TURKEY BURGER

8 STD.   8 STD.   4 BURGER

ZUTATEN

ETWAS GEPUTZTER, GRÜNER SALAT
8 BURGER BUNS

FÜR DIE BULETTEN

1 PUTENOBERKEULE (ETWA 1,5 KG)
2 – 3 EL ANKERKRAUT GEWÜRZSALZ

FÜR DAS CHUTNEY

200 G LAUCHZWIEBELN
400 G KIRSCHTOMATEN
50 G KORINTHEN
20 G INGWER
80 G ANKERKRAUT ROH-ROHRZUCKER
4 EL OBSTESSIG
100 ML WASSER

1. Die Keule mit Küchenpapier abtupfen, putzen und die überstehende Haut entfernen. Die Keule von beiden Seiten mit 1 Esslöffel Gewürzsalz einreiben und in einen Gefrierbeutel legen. Den Ananassaft dazugeben und den Beutel fest verschließen. Die Keule mindestens 8 Stunden im Kühlschrank marinieren, dabei gelegentlich wenden.

2. Für das Chutney die Lauchzwiebeln waschen, putzen und in 1 cm lange Stücke schneiden. Kirschtomaten waschen und durchschneiden. Korinthen in einem Sieb abspülen und abtropfen lassen. Ingwer schälen und sehr fein hacken.

3. Zucker, Essig und Wasser in einem Topf aufkochen. Kirschtomaten, Korinthen und Ingwer dazugeben und 8 Minuten zugedeckt kochen lassen. Zwiebelstücke dazugeben und etwa 5 Minuten kochen lassen, bis das Chutney eine sämige Konsistenz hat. Das Chutney abkühlen lassen und mit Salz abschmecken. Den Grill vorheizen.

4. Das Fleisch aus der Marinade nehmen, abtropfen lassen, dabei die Marinade auffangen. Das Fleisch mit restlichem Gewürzsalz einreiben und ca. 8 Stunden bei 110 – 120 °C indirekter Hitze garen. Dabei das Fleisch gelegentlich wenden und mit abgetropfter Marinade erneut bestreichen. Das Fleisch ist gar, wenn es eine Kerntemperatur von 80 °C hat.

5. Das Fleisch 10 Minuten ruhen lassen, vom Knochen lösen und zerzupfen. Die Buns waagerecht durchschneiden und auf den Schnittflächen kurz grillen. Die Buns mit Salat, Fleisch und etwas Chutney belegen. Mit restlichem Chutney servieren.

WILD BURGER

 70 MIN.   4 BURGER

ZUTATEN

FÜR DIE BULETTEN

1 KG WILDSCHWEINKEULE (OHNE KNOCHEN)
1 ZWIEBEL (ETWA 80 G)
2 SCHEIBEN TOASTBROT
1 EI (GRÖSSE M)
5 TL ANKERKRAUT WILDGEWÜRZ

PREISELBEERKOMPOTT

250 G ROTE ZWIEBELN
3-4 EL ANKERKRAUT ROH-ROHRZUCKER
100 G PREISELBEEREN, TIEFGEKÜHLT
1 TL SPEISESTÄRKE
ANKERKRAUT SALZ

FÜR DEN SALAT

500 G SPITZKOHL
ANKERKRAUT SALZ
1 EL OLIVENÖL
1 GRÜNER APFEL (Z. B. GRANNY SMITH)
1 EL ZITRONENSAFT
ANKERKRAUT ROH-ROHRZUCKER
ANKERKRAUT PFEFFER
4 BURGER BUNS (Z. B. MIT ZWIEBELN)

AUSSERDEM

1 FLEISCHWOLF MIT GROBER UND MITTLERER
SCHEIBE – ALTERNATIV KANN MAN DAS FLEISCH
AUCH VOM SCHLACHTER ZUBEREITEN LASSEN

1. Für die Buletten die Keule mit Küchenpapier abtupfen und von Sehnen, dunklem Fett und Hautstücken befreien. Das Fleisch in grobe Würfel schneiden. Die Zwiebel schälen und in Stücke schneiden. Das Brot in kaltem Wasser einweichen.

2. Die Fleischwürfel erst durch die grobe, dann durch die feine Scheibe des Fleischwolfs drehen. Das Brot ausdrücken. Zum Schluss die Zwiebel und das Brot in den Fleischwolf geben. Die Fleischmasse in eine Schüssel geben und mit Ei und Wildgewürz verkneten. Aus dem Fleisch 4 flache Buletten formen und zugedeckt im Kühlschrank aufbewahren.

3. Für das Kompott die Zwiebeln schälen, halbieren und in Scheiben schneiden. 200 ml Wasser und 3 Esslöffel Zucker aufkochen. Zwiebeln und tiefgekühlte Preiselbeeren dazugeben und 10 Minuten im offenen Topf einkochen lassen. Stärke mit 1 Esslöffel Wasser anrühren, in das Kompott geben und unter Rühren aufkochen lassen. Mit Salz und restlichem Zucker abschmecken. Abkühlen lassen.

4. Den Grill vorheizen. Für den Salat die äußeren Blätter des Spitzkohls entfernen. Den Kohl vierteln, den Strunk heraus trennen, die Blätter in sehr feine Streifen schneiden und mit Salz und Öl kurz kneten. Den Apfel waschen, vierteln und das Kerngehäuse entfernen. Die Apfelviertel in sehr dünne Scheiben hobeln, mit Zitronensaft vermengen und unter den Kohl heben. Mit Zucker, Salz und Pfeffer abschmecken.

5. Die Buletten auf den vorgeheizten Grill legen und von beiden Seiten etwa 6 Minuten bei mittlerer direkter Hitze grillen. Die Buletten nach außen schieben und warm halten.

6. Die Burger Buns waagerecht aufschneiden und mit den Schnittflächen nach unten kurz grillen. Auf die untere Hälfte der Buns nacheinander etwas Kompott, je eine Bulette und etwas Salat schichten. Die obere Hälfte der Buns darauflegen und mit einem Holzstäbchen fixieren. Restlichen Salat und restliches Kompott dazu servieren.

SCHILDKRÖTEN BURGER

40 MIN. 8 BURGER KIDS-CHOICE

ZUTATEN

2 SCHEIBEN TOASTBROT

600 G GEMISCHTES HACKFLEISCH

1 EI (GRÖSSE M)

2 EL ANKERKRAUT BULETTEN UND FRIKADELLEN GEWÜRZ

1 EL RAPSÖL

2 GLÄSER WÜRSTCHENKETTEN (JE 190 G ABTROPFGEWICHT)

2 GROSSE TOMATEN

8 FUSSBALL-LAUGENBRÖTCHEN ODER KAISERSEMMELN

1 STÄNGEL PETERSILIE

100 G SALATMAYONNAISE

AUSSERDEM

1 APFELAUSSTECHER

1. Den Grill vorheizen. Das Toastbrot in kaltem Wasser einweichen.

2. Hackfleisch und Ei zusammen mit Buletten und Frikadellen Gewürz in eine Schüssel geben. Das Toastbrot ausdrücken, in Stücke zupfen und dazugeben. Die Zutaten zu einem Teig verkneten. Daraus mit angefeuchteten Händen 8 flache Buletten formen.

3. Die Buletten dünn mit Öl bestreichen und von beiden Seiten jeweils etwa 3 Minuten bei mittlerer Hitze grillen. Die Würstchenketten zerteilen. Die Mini-Würstchen auf dem Grill erhitzen. Die Brötchen waagerecht durchschneiden und mit den Schnittflächen nach unten kurz auf den Grill legen.

4. Die Tomaten waschen und die Stielansätze herausschneiden. Die Tomaten in mindestens 8 Scheiben schneiden. Die Petersilie abspülen, trocken tupfen und die Blätter abzupfen.

5. Bevor die Würstchenschildkröten zusammengesetzt werden, mit dem Apfelausstecher aus jeder unteren Brötchenhälfte 4 Löcher für die Beine der Schildkröten ausstechen. Aus den oberen Brötchenhälften und den Buletten jeweils ein Loch für den Kopf ausstechen.

6. Die unteren Brötchenhälften mit etwas Mayonnaise bestreichen und jeweils mit 1–2 Tomatenscheiben belegen. Darauf die Buletten legen. Die Mini-Würstchen als Beine und Köpfe einsetzen. Die oberen Brötchenhälften als Panzer auf die Buletten legen. Aus der restlichen Mayonnaise die Augen auftupfen. Die Würstchenschildkröten mit Petersilie anrichten.

— TIPP —

*Zum Grillen der Buletten und
des Kohls eventuell den Grill
vorher mit Alufolie belegen und
die Folie zusätzlich dünn mit
Öl bestreichen.*

VEGGIE BURGER

60 MIN.   8 BURGER

ZUTATEN

150 G GELBE LINSEN
1 UNBEHANDELTE LIMETTE
120 G MAYONNAISE (50 % FETT)
ANKERKRAUT SALZ
EINIGE BLÄTTER WILDKRÄUTERSALAT
500 G BLUMENKOHL
½ BD. KORIANDER
1 EIWEISS (GR. M)
70 G DOPPELRAHMFRISCHKÄSE
2 EL ANKERKRAUT HAMBURG GUNPOWDER
ETWA 90 G SEMMELBRÖSEL
ÖL ZUM BESTREICHEN
8 BURGER BUNS (Z. B. MIT ROTE BETE SAFT)

1. Den Grill vorheizen. Die Linsen in 300 ml Wasser aufkochen und bei mittlerer Hitze etwa 15 Minuten kochen, bis die Flüssigkeit verdampft ist. Immer wieder umrühren. Die Masse abkühlen lassen.

2. Für die Sauce die Limette heiß abwaschen, trocken tupfen und die Hälfte der Schale fein abreiben. Die Limette halbieren und auspressen. Die Limettenschale, 2 Esslöffel Limettensaft und Mayonnaise verrühren und mit Salz abschmecken. Kräutersalat putzen, waschen, trockenschleudern und in mundgerechte Stücke zupfen.

3. Den Blumenkohl putzen, in Röschen teilen, waschen und abtropfen lassen. Aus den Röschen Scheiben schneiden. 120 g heile Scheiben zum Grillen beiseitelegen. Die übrigen Scheiben im Zerkleinerer fein hacken.

4. Den Koriander abspülen und trocken tupfen. Etwas davon zum Garnieren beiseitelegen. Vom übrigen Koriander die Blätter abzupfen und grob hacken. Eiweiß mit einer Prise Salz steif schlagen. Die Linsenmasse, gehackten Blumenkohl, Frischkäse, gehackten Koriander, Gunpowder und 70 g Semmelbrösel verrühren. Eischnee unterheben. Die Masse mit Salz abschmecken.

5. Aus der Linsen-Blumenkohl-Masse 8 Buletten formen und im restlichen Paniermehl wenden. Die Buletten dünn mit Öl bestreichen, auf den vorgeheizten Grill legen und bei schwacher Hitze etwa 3 Minuten grillen, dann vorsichtig wenden.

6. Beiseite gelegte Blumenkohlscheiben mit Öl bestreichen und grillen. Die Burger Buns aufschneiden und von beiden Seiten kurz grillen.

7. Die untere Hälfte der Buns mit etwas Mayonnaise bestreichen und mit Salat belegen. Darauf jeweils eine Bulette geben, mit etwas Mayonnaise bestreichen und mit restlichem Koriander und der oberen Hälfte der Buns bedecken. Blumenkohlscheiben mit Gunpowder bestreuen und dazu servieren.

PANCAKE BURGER

 35 MIN.   1 STD.   4 BURGER

ZUTATEN

300 G CASSIS SORBET

1 ANKERKRAUT TONKABOHNE

2 EIER (GRÖSSE M)

ANKERKRAUT SALZ

30 G ANKERKRAUT ROH-ROHRZUCKER

120 G MAGERQUARK

50 G WEIZENMEHL

1 TL WEINSTEIN-BACKPULVER

ETWAS RAPSÖL ZUM BACKEN

1 MANGO (ETWA 350 G)

3 EL ZITRONENSAFT

EINIGE ESSBARE BLÜTEN, Z. B. BORRETSCH, YSOP, TAGETES, RINGELBLUME

4 STÄNGEL ZITRONENMELISSE ODER MINZE

5 EL AHORNSIRUP

AUSSERDEM

1 OFENFESTE PFANNE

1. Das Cassis Sorbet mit einem Messer in 8 gleichgroße Portionen schneiden und auf einem Bogen Backpapier verteilen. Jede Eisportion mit einem Löffel zu einer runden Scheibe von 5 cm Ø verstreichen. Die Scheiben bis zum Gebrauch auf dem Backpapier einfrieren.

2. Den Grill vorheizen. Für den Teig etwa 1 Drittel der Tonkabohne in eine Schüssel reiben. Eier, eine Prise Salz und Zucker dazugeben und zu einer dicken Creme aufschlagen. Quark nach und nach unterrühren. Mehl mit Backpulver mischen und kurz unterheben.

3. Eine ofenfeste Pfanne auf den Grill stellen und bei mittlerer Hitze vorheizen. Etwas Öl in die Pfanne geben. Insgesamt 12 kleine Pancakes backen. Die Pancakes auf einem Rost abkühlen lassen.

4. Das Fruchtfleisch der ungeschälten Mango an beiden Seiten entlang des Steins abschneiden. Mit einem großen Löffel aus der Schale lösen und in lange Scheiben schneiden. Mangoscheiben auf dem heißen Grill kurz bei schwacher Hitze grillen und mit 1 Esslöffel Zitronensaft beträufeln.

5. Die Blüten verlesen und eventuell klein zupfen. Melisse oder Minze abspülen, trocken tupfen und die Blätter abzupfen. Ahornsirup und restlichen Zitronensaft verrühren. Mit geriebener Tonkabohne abschmecken.

6. Für jeden Burger jeweils 3 Pancakes mit 2 Lagen Mangoscheiben und 2 Scheiben Cassis Sorbet einschichten. Mit Blüten und Blättern bestreuen und mit gewürztem Ahornsirup beträufeln.

„MIST. DAS ESSEN IST KALT."

Blogger nach der
Food-Fotografie

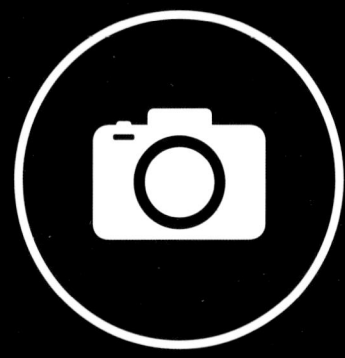

Kategorie

BLOGGER-REZEPTE

Kategorie | BLOGGER-REZEPTE

— BBQ PIT —

Hallo, ich bin Thorsten von BBQPit.de – einer der größten und erfolgreichsten deutschsprachigen Grill- und BBQ-Webseiten. Seit 2013 veröffentliche ich Grillrezepte und teste und berichte über Grills und Zubehör - also über die schönste Nebensache der Welt. Im Oktober 2017 bin ich gemeinsam mit meinem Team, den „BBQ Wieseln" Grillweltmeister geworden.

— TIPP —

Wenn du keinen Vakuumierer hast, kannst du das Fleisch auch 7 Tage in einer fest schließenden flachen Box pökeln. Das Fleisch einmal am Tag wenden.

PASTRAMI
MIT REUBEN DIP

4 STD.   4-7 TAGE   4 PORTIONEN

ZUTATEN

FÜR DAS PASTRAMI

2 KG RINDERBRUST
270 G ANKERKRAUT PÖKEL RUB
80 G ANKERKRAUT WÜRZ RUB

FÜR DEN REUBEN DIP

FÜR ETWA 8 PORTIONEN:
400 G PASTRAMI
300 G SAUERKRAUT
150 G MAYONNAISE
400 G GERIEBENER KÄSE (Z. B. JUNGER GOUDA ODER
RACLETTE-KÄSE)
150 G THOUSAND ISLANDS DRESSING
2 TL ANKERKRAUT PAPRIKAPULVER, GERÄUCHERT
ANKERKRAUT SALZ UND PFEFFER
2 BAGUETTES

AUSSERDEM

EINGEWEICHTE RÄUCHERKLÖTZE, NACH GESCHMACK
1 GROSSE FLACHE OFENFESTE FORM
1 VAKUUMIERER

1. Die Rinderbrust mit Küchenpapier abtupfen und überschüssiges Fett abschneiden. Das Fleisch mit dem Pökel Rub einreiben, vakuumieren und in den Kühlschrank legen. Das Fleisch einmal am Tag wenden. Die Pökelzeit beträgt 1 Tag pro Zentimeter Fleisch sowie 2 zusätzliche Tage zur Sicherheit.

2. Den Rub unter fließendem, kalten Wasser vom Fleisch spülen. Das Fleisch in eine große flache Form legen. Die Form mit Wasser füllen und das Fleisch 30 Minuten darin liegen lassen. Danach das Wasser abgießen, das Fleisch wenden und den Vorgang wiederholen.

3. Den Grill vorheizen. Das Fleisch abtropfen lassen und mit Küchenpapier trocken tupfen. Anschließend mit dem Würz Rub rundherum einreiben.

4. Die Räucherklötze einsetzen. Das Fleisch etwa 3 Stunden bei ca. 110°C indirekter Hitze räuchern. Die Kerntemperatur der Rinderbrust sollte etwa 68 °C betragen. Das Fleisch abkühlen lassen, vakuumieren und für 2 – 3 Tage durchziehen lassen.

5. Für den Reuben Dip etwa 400 g Pastrami abwiegen. Restliches Pastrami wieder vakuumieren, es ist im Kühlschrank 3 – 4 Wochen haltbar.

6. Den Grill vorheizen. Pastrami in etwa 1 – 2 mm dünne Scheiben schneiden, die Scheiben in 2 – 3 cm breite Stücke teilen. Sauerkraut etwas ausdrücken. Mit Mayonnaise, Käse, Dressing, Paprikapulver, Salz und Pfeffer verrühren. Pastrami-Stücke unterheben. Das Ganze in eine ofenfeste Form füllen und bei 200 °C indirekter Hitze etwa 25 Minuten erhitzen, bis der Käse geschmolzen ist. Etwas abkühlen lassen.

7. Inzwischen das Brot in Scheiben schneiden und nach Belieben etwas anrösten. Das Brot in den Dip tauchen.

—WESTWOOD BBQ—

Ich bin Christian aus dem schönen Westerwald. Seit 2011 poste ich als Westwood BBQ meine Grillrezepte im Internet. Die meisten werden mich von meinem Blog, den vielen BBQ Veranstaltungen oder von der Admin Tätigkeit in der Ankerkraut Community kennen. Ich zeige euch hier meine Interpretation eines deftigen Chilli con Carne mit meinem El Loco Gewürz.

—TIPP—

Dazu passt zum Beispiel gegrilltes Fladenbrot.

EL LOCO CHILI

3 STD.   30 MIN.   6 PORTIONEN

ZUTATEN

1 KG RINDERGULASCH

1 – 2 EL ANKERKRAUT BEEF BOOSTER

500 G CHORIZO

3 KNOBLAUCHZEHEN

4 EL RAPSÖL

4 EL TOMATENMARK

0,5 L SCHWARZBIER

5 EL ANKERKRAUT EL LOCO

3 EL GETROCKNETE ZWIEBELN (KEINE RÖSTZWIEBELN)

1 EL CAYENNEPFEFFER ODER CHILIPULVER

3 EL WORCESTER SAUCE

2 DOSEN KIDNEY BOHNEN (JE 255 G ABTROPFGEWICHT)

1 DOSE GEMÜSEMAIS (285 G ABTROPFGEWICHT)

500 G FERTIG GEGARTES BRISKET

(RINDERBRUST, AUS DEM SMOKER)

ANKERKRAUT SALZ

AUSSERDEM

1 DUTCH OVEN (ETWA 6 L INHALT)

1. Das Gulasch mit Küchenpapier abtupfen, mit Beef Booster bestreuen und zugedeckt etwa 30 Minuten im Kühlschrank ruhen lassen.

2. Chorizo in Scheiben schneiden. Knoblauch schälen und in Scheiben schneiden. Den Dutch Oven vorheizen (Herstellerangaben beachten).

3. Das Öl im Dutch Oven erhitzen, das Fleisch darin rundherum anbraten. Knoblauch dazugeben und mit anbraten. Tomatenmark unterrühren. Wenn sich etwas Fleischsaft gebildet hat, das Bier dazugeben und aufkochen. Anschließend El Loco, Zwiebeln, Cayenne oder Chili und Worcester Sauce unterrühren. Das Ganze etwa 2 Stunden im geschlossenen Topf köcheln lassen, dabei gelegentlich umrühren.

4. Bohnen und Mais in einem Sieb abtropfen lassen. Brisket in Würfel schneiden. Bohnen, Mais und Brisket 30 Minuten vor Ende der Garzeit in den Topf geben und darin erhitzen. Das Chili mit Salz abschmecken. bestreut servieren.

— REDMOUNTAIN BBQ—

*Hi, ich bin der Sascha und
bekennender Ganzjahresgriller.
Seit 2014 führe ich den Blog
Redmountain-BBQ, wo ich Rezepte
und Testberichte veröffentliche.
Das „Hans Wurst"-Wurstgewürz
habe ich unter anderem für meine
Grillkurse entwickelt, wo wir selber
wursten. Aber es ist auch anderwei-
tig einsetzbar, z. B. für Frikadellen
oder eine Kartoffelsuppe.*

—TIPP—

*Wer mag, gibt zusätzlich ½ klein
geschnittene Lauchzwiebel in die
Sojasauce.*

WAN TANS

40 MIN.   4 PORTIONEN

ZUTATEN

24 WAN TAN BLÄTTER, TIEFGEKÜHLT
2 LAUCHZWIEBELN (ETWA 50 G)
4 GETROCKNETE TOMATEN IN ÖL
300 G SCHWEINEHACKFLEISCH
1 – 2 EL ANKERKRAUT HANS WURST
1 L ÖL ZUM FRITTIEREN
2 LIMETTEN
SOJASAUCE ZUM DIPPEN

1. Die Wan Tan Blätter in der Verpackung auftauen lassen. Die Lauchzwiebeln putzen, waschen und fein hacken. Die Tomaten mit Küchenpapier abtupfen und in kleine Stücke schneiden. Das Hackfleisch mit Tomaten und Frühlingszwiebeln verkneten und mit Hans Wurst abschmecken.

2. Einige Teigblätter nebeneinander legen. Jeweils 1 Esslöffel der Hackfleischmasse in eine Ecke eines Blattes geben. Die Teigränder des Blattes dünn mit Wasser bestreichen. Den Teig zu einem Dreieck über die Füllung legen und rundherum andrücken. Die übrigen Teigblätter auf die gleiche Weise füllen.

3. Das Öl in einem Topf auf 170 – 180° C erhitzen. Die Teigtaschen darin in mehreren Portionen goldbraun frittieren und auf einem Kuchengitter abtropfen lassen.

4. Die Limetten heiß abwaschen und in Spalten schneiden. Die Wan Tans mit Limettenspalten und Sojasauce servieren

GRILLTIPPS

RARE, MEDIUM ODER WELL DONE? EGAL WIE DU ES AM LIEBSTEN ISST – FÜR DAS PERFEKT GEGRILLTE STEAK AM HEIMISCHEN GRILL GILT: GÖNN DEM GUTEN STÜCK DIE VOLLE BREITSEITE AN HITZE, JE SCHÄRFER DU ES ANBRÄTST, DESTO MEHR UNWIDERSTEHLICHE AROMEN WERDEN FREIGESETZT.

SO VIELE ZUSCHNITTE UND AUFBEREITUNG ES VON SCHWEINEFLEISCH GIBT, SO VIELFÄLTIG VERHÄLT ES SICH AUCH BEI DER ZUBEREITUNG AUF DEM GRILL. ZUM BEISPIEL GART DAS NACKENSTEAK SCHNELL ÜBER DIREKTER FLAMME UND DER BRATEN LANGSAM BEI EINER INDIREKTEN HITZEQUELLE.

TIPPS

- Um die Garstufe des Fleisches zu prüfen, arbeite mit dem Fingerdruck-Test. Ein rohes Stück Steak fühlt sich an wie der entspannte Daumenballen an der eigenen Hand. Berühren sich Zeigefinger und Daumen, entspricht der Widerstand des Daumenballens ungefähr dem eines blutig (rare) gebratenen Steaks. Berühren sich Mittelfinger und Daumen, erinnert der Daumenballen an ein Medium gebratenes Steak.

- Für eine leckere Salzkruste salze das Steak erst 20 – 30 Minuten bevor es auf den Grill kommt. Das Salz löst sich in der entzogenen Flüssigkeit auf und über den heißen Flammen verbinden sich Zucker und Proteine aus der Flüssigkeit mit dem Salz und bilden eine wahnsinnig leckere Kruste.

TIPPS

- Für die perfekte Bratwurst arbeite mit zwei Zonen: Erst werden die Würstchen circa 10 Minuten über indirekter Hitze erhitzt, um danach über direkter Flamme die gewünschte Bräune zu erzeugen.

- Damit das ausgewählte Stück Schweinesteak so bleibt wie es ist, schneide den Fettrand ein und es wird sich beim Grillen nicht wölben.

- Aromatisch und saftig soll es werden? Dann lass das sichtbare Fett am guten Stück und entferne es erst nach dem Grillen. Die Marmorierung prägt den Geschmack.

- Wir empfehlen dir den würzigen Klassiker „Pull That Piggy" am Bauch und unser fruchtiges „Sweet Apple Ribs" an der Leiter.

HANDLE WITH CARE! JEDES TIER UND JEDER ZUSCHNITT BEDARF DER INDIVIDUELLEN BEHANDLUNG UND ZUBEREITUNG AUF DEM GRILL. DIE UNTERSCHIEDLICHEN GARMETHODEN BELAUFEN SICH BIS INS UNENDLICHE. UM DAS WESENTLICHE AUF DEN PUNKT ZU BRINGEN HABEN WIR DIR DIE WICHTIGSTEN TIPPS UND TRICKS AUS DER HEIMISCHEN ANKERKRAUT KÜCHE FÜR DICH NIEDERGESCHRIEBEN. WIE FUNKTIONIERT DER FINGERDRUCKTEST? KANN MAN BEI BRATWÜRSTEN ETWAS FALSCH MACHEN? WAS VERRÄT MIR DIE STRAFFE HAUT VOM BRATHÄHNCHEN?

GEFLÜGEL

OB FÜR DEN CRISPY CHICKEN BURGER, DAS SPATCHCOCK CHICKEN ODER DIE WEIHNACHTSGANS – BEIM GEFLÜGEL ZÄHLT DIE QUALITÄT MEHR DENN JE! EIN ARTGERECHT AUFGEZOGENES HUHN VON DER FLEISCHERTHEKE VERSPRICHT FESTES UND GESCHMACKSINTENSIVES FLEISCH.

— TIPPS —

• Immer well done! Geflügel muss immer durchgegart werden. Wir empfehlen dir, mit dem Fleischthermometer die Kerntemperatur (75 und 80°C) zu prüfen.

• Goldbraun-knusprig wird's mit unserem Brathähnchen Rub. Du kannst die Haut sowie das Fleisch damit rubben.

• Nicht die Kühlkette unterbrechen: Geflügel kann mit Salmonellen behaftet sein. Also lass den Bakterien keine Chance, sondern lagere das Fleisch in der kühlsten Ecke des Kühlschranks.

• Wir lieben straffe Haut – auch wenn es ums Essen geht. Eine straff anliegende und unversehrte Haut ohne trockene Stellen steht für eine gute Qualität.

GEMÜSE

HIER SPALTEN SICH DIE GEISTER, DOCH WIR FINDEN: ZU EINEM GELUNGENEN GRILLABEND GEHÖRT AUCH EINE GELUNGENE VEGGIE-BEILAGE. VON PILZEN, ÜBER DIE AUBERGINE BIS ZUM BUTTERNUT KÜRBIS DARF ALLES AUF DEN ROST. MAL LÄNGER, MAL KÜRZER – ZWISCHEN 175° UND 230° KANN MAN NIX FALSCH MACHEN.

— TIPPS —

• Es kommt nicht auf die Größe an? Oh doch! Schnippel gleichmäßige Stücke mit großen Flächen. Denn je flacher die Stücke, desto mehr Oberfläche kann karamellisieren.

• Du magst es knackig? Dann nimm dein Gemüse rechtzeitig vom Rost. Ansonsten gib dem Gemüse ein paar Minuten mehr – aber Vorsicht! Lass es nicht verbrennen.

• Zur richtigen Zeit am richtigen Ort: Saisonales, regionales Gemüse zu kaufen ist nicht nur gut für die Umwelt, sondern schmeckt auch viel besser.

• Frag die Profis! Wenn es um die richtige Marinade oder Geschmacksnote geht, bist du bei uns richtig. Würze und mariniere auf jeden Fall vor dem Grillen.

—BBQLICATE—

Mein Name ist Marcel Felix, ich betreibe nun mehr seit 3 Jahren den Grill- und BBQ Blog „BBQlicate. de". Auf diesem findet ihr neben leckeren Rezepten und Testberichten auch viele Informationen zu meiner Outdoorküche. Ihr findet mich übrigens auch auf Facebook und Instagram. Dort gibt es immer wieder Einblicke rundum das Thema Fleisch und Gewürze.

BEEF TACOS

35 MIN.   2 PORTIONEN

ZUTATEN

1 ROTE ZWIEBEL

2 TOMATEN (ETWA 150 G)

1 ZITRONE

1 BD. KORIANDER

3 EL OLIVENÖL

ANKERKRAUT MEERSALZ

½ CHILISCHOTE

1 REIFE AVOCADO

400 G RINDERHACK

2 – 3 EL ANKERKRAUT TONKI KONG

8 TACO SHELLS

1. Den Backofen oder Grill vorheizen. Für die Salsa die Zwiebel schälen, halbieren und in kleine Würfel schneiden. Die Tomaten waschen und die Stielansätze entfernen. Die Tomaten in Würfel schneiden. Die Zitrone halbieren und auspressen. Den Koriander abspülen, trocken tupfen, zwei Drittel der Blätter abzupfen und grob hacken. Den übrigen Koriander kühl aufbewahren.

2. Gehackten Koriander, Zwiebeln, Tomaten, 1 – 2 Esslöffel Zitronensaft und 1 Esslöffel Olivenöl verrühren, mit Meersalz abschmecken und kaltstellen.

3. Für die Guacamole die Chilischote waschen, die Kerne entfernen und die Schote fein würfeln. Die Avocado halbieren und den Kern entfernen. Die Avocadohälften aus der Schale lösen und mit einer Gabel zerdrücken. Das Avocadopüree mit Chili und 2 Esslöffel Zitronensaft verrühren und zugedeckt kaltstellen stellen

4. Restliches Öl erhitzen, das Hackfleisch darin braten, mit einem Pfannenwender zu Krümeln zerteilen und mit 1 – 2 Esslöffel Tonki-Kong würzen. Die Taco Shells im Backofen oder auf dem Grill bei etwa 180 °C indirekter Hitze kurz erwärmen.

5. Die Taco Shells mit Hackfleisch, Tomaten-Salsa und Guacamole füllen. Restlichen Koriander in kleine Zweige teilen und darauf streuen.

—KÜSTENGLUT—

Moin, Moin! Mein Name ist Sascha und ich bin grillverrückt. Auf meinem Blog „kuestenglut.de" veröffentliche ich Rezepte von den Ergebnissen meines „Leidens". Wichtig ist mir dabei, die gesammelten Tricks und Kniffe, die mir bei der Zubereitung geholfen haben, an euch weiter zu geben. Bei Instagram veröffentliche ich täglich meine Grill-Fotos.

—TIPP—

Für die Crostini eignet sich auch dunkles Vollkornbrot.

PULLED LACHS CROSTINI

40 MIN. 4 STD. 4 PORTIONEN

ZUTATEN

ETWA 500 G LACHS MIT HAUT
ETWA 30 G ANKERKRAUT KÜSTENKRUSTE
1 ZITRONE
100 G SALATMAYONNAISE
ETWAS WILDKRÄUTERSALAT ZUM GARNIEREN
1 BAGUETTE

AUSSERDEM

ZEDERNHOLZPLANKE

1. Die Zedernholzplanke für 4 Stunden in kaltes Wasser legen. Die Planke mit einer Konservendose beschweren, damit sie unter Wasser bleibt.

2. Den Lachs mit Küchenpapier abtupfen, eventuell vorhandene Gräten entfernen. Die Fleischseite des Lachses mit Küstenkruste einreiben. Den Lachs in eine flache Form legen und zugedeckt etwa 4 Stunden im Kühlschrank marinieren.

3. Inzwischen die Zitrone halbieren und auspressen. Die Mayonnaise mit 1–2 Teelöffel Zitronensaft abschmecken. Den Salat verlesen, waschen, trockenschleudern und kühl aufbewahren. Den Grill vorheizen. Es wird ein Bereich zum direkten und einer zum indirekten Grillen benötigt.

4. Den Lachs abtropfen lassen und mit der Hautseite nach unten auf die gewässerte Planke legen. Die Planke in die direkte Grillzone legen, den Lachs bei 225 °C so lange grillen, bis die Planke zu duften beginnt. Dann die Planke mit dem Lachs in den Bereich zum indirekten Grillen schieben. Den Lachs bei gleicher Temperatur etwa 15 Minuten weiter grillen, anschließend 5 Minuten ruhen lassen.

5. Inzwischen das Baguette in Scheiben schneiden und kurz die Schnittseite bei direkter Hitze auf dem Grill rösten. Das Lachsfleisch mit 2 Gabeln von der Haut zupfen.

6. Die Baguettescheiben mit etwas Mayonnaise bestreichen und mit Lachsstücken belegen. Die Wildkräuter darauf verteilen und mit etwas Zitronensaft beträufeln.

—TOBIAS GRILLT—

*Ich, Tobias, entdeckte schon früh
meine Leidenschaft für Feuer und
Flamme. Mein Vater und sein 57´er
Weber Kettle sind schuld daran,
dass diese Leidenschaft anhält.
Die Faszination des Grillens ist an
Annika, meiner Frau, nicht spurlos
vorbei gegangen. Gemeinsam stehen
wir vor als auch hinter tobiasgrillt.de
und veröffentlichen jede Woche
neue Rezepte.*

BACON-CHEESECAKE

90 MIN.   8 STD.   4 PORTIONEN

ZUTATEN

FÜR DEN BRÖSELBODEN

120 G BUTTER
200 G SALZBREZEL (KNABBERGEBÄCK)

FÜR DIE KÄSEMASSE

1 BUND SCHNITTLAUCH
3 SCHEIBEN BACON
600 G DOPPELRAHMFRISCHKÄSE
200 G SCHMAND
3 EL AHORNSIRUP
2 TL SPEISESTÄRKE
ANKERKRAUT FINISHER SALZ
ANKERKRAUT PFEFFER
3 EIER (GRÖSSE M)

FÜR DEN BELAG

3 ROTE ZWIEBELN
3 SCHEIBEN BACON
2 EL RAPSÖL
2 EL ANKERKRAUT ROH-ROHRZUCKER

AUSSERDEM

1 SPRINGFORM (Ø 24 – 26 CM)

1. Den Grill vorheizen. Für den Bröselboden die Butter schmelzen. Die Salzbrezeln im Zerkleinerer sehr fein hacken, die Butter dazugeben und untermischen. Den Boden der Springform mit Backpapier belegen, die Bröselmasse darauf verteilen und mit einem Löffel andrücken. Den Bröselboden bei 180 °C indirekter Hitze 10 – 15 Minuten backen. Etwas abkühlen lassen.

2. Für die Käsemasse den Schnittlauch abspülen, trocken tupfen und, bis auf einige Halme zum Garnieren, in feine Röllchen schneiden. Den Bacon auf dem Grillrost oder in einer Pfanne goldbraun rösten und auf Küchenpapier abtropfen lassen.

3. Frischkäse, Schmand, Ahornsirup, Stärke, Finisher Salz, Pfeffer und Eier in einer Schüssel glatt rühren. Den Bacon zerkrümeln und zusammen mit den Schnittlauchröllchen unterrühren. Die Masse auf den Bröselboden in die Form geben und bei 180°– 200 °C indirekter Hitze etwa 50 Minuten backen. Den Grill in den ersten 30 Minuten möglichst nicht öffnen.

4. Den Kuchen mit einem Messer vom Rand der Form lösen. Den Kuchen auf einem Kuchengitter in der Form abkühlen lassen. Anschließend mindestens 8 Stunden im Kühlschrank durchziehen lassen. Aus der Form lösen.

5. Für den Belag die Zwiebeln schälen und in etwa 1 cm breite Ringe schneiden. Den Bacon bei mittlerer Hitze in einer Pfanne ausbraten und auf Küchenpapier abtropfen lassen. Das Öl in der Pfanne erhitzen, die Zwiebeln darin etwa 10 Minuten bei mittlerer Hitze braten. Den Zucker auf die Zwiebeln streuen und schmelzen lassen. Die Zwiebeln auf einem Teller abkühlen lassen, anschließend auf dem Kuchen verteilen. Den übrigen Schnittlauch in Röllchen schneiden und auf den Kuchen streuen.

— LIVING BBQ—

Ich bin Olly – Vize Europameister im Bereich „Grill & BBQ". Unter LivingBBQ.de findet ihr seit 2013 mich und meine Rezepte. Ich bin Foodblogger mit Herz und Seele. Von Vorspeisen und Fingerfood bis hin zum meist fruchtigen Dessert wird alles auf dem Grill zubereitet, das ganze Jahr! Mein Motto: "Das Leben ist zu kurz für schlechtes Essen!"

KRUSTEN-BRATEN

35 MIN.   28 STD.   4 PORTIONEN

ZUTATEN

ETWA 1,5 KG SCHINKENBRATEN MIT SCHWARTE
300 ML WASSER
2 EL ANKERKRAUT MEERSALZ
ETWAS OLIVENÖL
2 – 3 EL ANKERKRAUT LIVING BBQ

AUSSERDEM

1 DREHSPIESS MIT MOTOR
UND HALTERUNG FÜR FLEISCHSTÜCKE

1. Das Fleisch mit Küchenpapier abtupfen. Die Schwarte mit einem sehr scharfen Messer rautenförmig einschneiden. Dabei möglichst nicht in das Fleisch schneiden. 300 ml Wasser mit Meersalz verrühren und in eine flache Auflaufform oder einen Bräter geben. Den Braten mit der Schwarte nach unten hineinlegen und für 4 Stunden in den Kühlschrank stellen. (Es sollte nur die Schwarte in der Lake liegen.)

2. Den Braten aus der Lake nehmen, abtropfen lassen und trocken tupfen. Den Braten auf der Fleischseite erst mit Öl, dann mit Living BBQ einreiben. Den Braten einschweißen oder fest in Frischhaltefolie wickeln. Die Auflaufform oder den Bräter reinigen, den Braten wieder hineinlegen und 24 Stunden im Kühlschrank marinieren.

3. Den Grill vorheizen. Das Fleisch auf den Spieß stecken und fixieren. Den Braten etwa 2 ½ Stunden bei 200 °C indirekter Hitze unter ständigem Drehen garen. Der Braten sollte eine Kerntemperatur von etwa 68 °C haben. (Zum Messen den Motor ausschalten.)

4. Das Fleisch 10 Minuten ruhen lassen, dann aufschneiden.

GRILLGADGETS

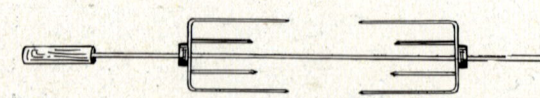

STEFANS
— LIEBLINGS-GADGET —

Eins von Stefans Lieblings-gewürzen ist ja bekanntlich das „göttliche" Smoking Zeus. Das eignet sich nämlich ideal für Gyros am Drehspieß. Egal ob motorisiert oder nicht. Der Drehspieß ist Stefans absolutes Grillgadget Highlight.

GRILLHANDSCHUHE

Verbrenn Dir nicht die Finger! Sondern vervollständige deinen Grillbedarf mit einem Paar hitze-beständigen Grillhandschuhen. Wenn du darauf achtest, dass sie aus einem geschmeidigen Material sind, einen langen Schaft zum Schutz des Unterarms haben, die Passform Platz für deine Finger zulässt, sie keine Flüssigkeiten durchlassen und Langlebigkeit versprechen, kannst du nicht viel falsch machen.

DREHSPIESS

Wir haben den Dreh raus! Und zwar für herrlich gleichmäßig gegartes Fleisch und gleichzeitig eine ent-spannte Zeit mit den Gästen. Wie? Na mit einem Drehspieß mit Motor! Worauf du bei diesem Gadget achten solltest: Er sollte vielseitig montierbar sein, ein langer Spieß hält viel mehr Fleisch, der Motor sollte Power haben, trotzdem nicht zu laut sein und für eine gleich-mäßige Drehbewegung sorgen.

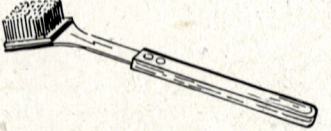

GRILLPFANNE

Grillen oder Braten wir jetzt? Wie wäre es mit beidem? Ob gusseisern oder gelocht, wir wissen wie du es am schlausten anstellst ohne den rauchigen Geschmack zu verlieren und ohne, dass die Pfanne Schaden nimmt. Gusseisern: 25 cm Durch-messer sollte sie haben und bevor du in ihr brätst, dämpfst oder sau-tierst, sollte sie auf dem Grill richtig heiß geworden sein.

GRILLBÜRSTE

Nichts ist lästiger als ein schwar-zer, verkrusteter Grillrost. Eine ordentliche Grillbürste erspart dir das. Wir empfehlen eine Bürste mit Borsten aus Edelstahl, die am besten rostfrei sind. Gönn dir die Zeit, erhitze den Grillrost nach-dem das ganze Grillgut verputzt wurde und schrubbe kräftig mit der Bürste über das Rost. Beim nächsten Mal, wenn er ange-schmissen wird, freust du dich.

WIR WOLLEN JA KEIN HEXENWERK DARAUS MACHEN, ABER: JEDES STÜCK FLEISCH MÖCHTE DIE BESTE UND EINE GANZ INDIVIDUELLE BEHANDLUNG BEKOMMEN. DAMIT WIR JEDEM FLEISCH GERECHT WERDEN KÖNNEN, GIBT ES VERSCHIEDENE HELFER. UNSERE SOGENANNTEN GRILLGADGETS. SIE MACHEN NICHT NUR DAS FLEISCH BESSER, SONDERN HELFEN AUCH UNS BEISPIELSWEISE BEIM: NICHT VERBRENNEN, GARZEIT IM AUGE BEHALTEN UND WÜRZIGE GLACE AUFTRAGEN.

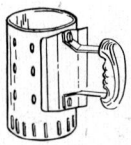

ANZÜNDKAMIN

Wenn du den Holzkohlegrill bevorzugst, sollte dir dieses Gadget nicht fehlen: Der Anzündkamin! Anstatt zu stapeln und zu pusten kannst du dich getrost zurücklehnen und den Kamin die Arbeit machen lassen. Einfach den brennenden Grillanzünder ganz nach unten, Briketts oder Grillkohle oben drauf und abwarten. Nach 15 – 35 Minuten sollte die oberste Lage mit einer hellen Ascheschicht überzogen sein, dann ist das Brennmaterial bereit.

MOP / GRILLPINSEL

Ein absolutes Must-Have wenn du gerne mit unseren Rubs arbeitest. Ein Silikonpinsel für Lebensmittel erleichtert es dir, die BBQ Glace auf deine Rippchen oder dein Nackensteaks aufzutragen. Mische deine liebste Trockenmarinade mit Öl, Honig, Senf oder allem auf einmal an und verteile es mit dem Pinsel gleichmäßig auf dem schönen Stück Fleisch. Unser Tipp: Gib dem Fleisch und der Marinade Zeit, sich aneinander zu gewöhnen – nur so erzielst du deine gewünschte Geschmacks-Explosion!

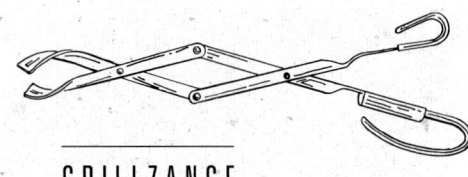

GRILLZANGE

Damit uns nichts durch die Lappen oder durch den Grillrost geht, ist eine ordentliche Grillzange das A und O. Wir wären nicht Ankerkraut, wenn wir nicht schon längst die perfekte Grillzange hätten, die keine Wünsche übrig lässt. Unsere V-Tong Grillzange umfasst alle wichtigen Merkmale in einem. Die Zange aus Edelstahl mit pulverbeschichtetem Aluminium, 43cm Länge und Nussholzgriff hat sogar einen integrierten Flaschenöffner.

TIMER

Wir stehen auf ein entspanntes Grillerlebnis mit optimalem Ergebnis. Da ist es super wichtig, einen Timer zur Hand zu haben, der dir rechtzeitig Bescheid gibt dein Tomahawk Steak auf der Sizzle Zone zu wenden und es im Anschluss zum richtigen Zeitpunkt aus der indirekten Flamme zu holen. Am besten bedient bist du mit einem High-End-Timer mit extragroßen Ziffern, lautem Alarmton, Gürtelklemme und Rückwärtszähler.

FLEISCHTHERMOMETER

Hinterlässt Eindruck! Ein wahrlich leidenschaftlicher Griller grillt nicht ohne Fleischthermometer. Auch du kannst schon mit kleinem Geld zum Profi werden. Ob mit analoger oder digitaler Anzeige – wichtig ist, dass der Sensor dicht an der Thermometerspitze liegt, dann lässt sich die Temperatur optimal messen.

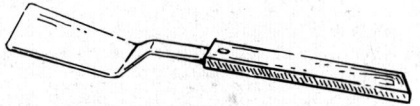

GRILLWENDER

Mit zwei Händen grillt es sich bekanntlich besser. Deshalb lass den Grillwender neben der Grillzange dein zweiter Arm sein. Er bringt garantiert Entspannung am Rost, du verbrennst dir nicht die Finger und Burger oder auch Fischstücke lassen sich so gut wenden, ohne dass sie brechen. Auch hier sollte sich die Länge auf ca. 40 cm belaufen. Am dankbarsten sind die Modelle, bei denen die Hebefläche abgewinkelt zum Griff tiefer liegt.

—BIGMEATLOVE—

*Ich bin Florian - fleischverliebt!
Auf meinem Blog Bigmeatlove.de
schreibe ich über mein Lieblings-
thema „FLEISCH!". Ich bin immer
auf der Suche nach dem perfekten
Fleisch und geilen Grills. Ich reife
meine Steaks bei mir zu Hause im
Dry Ager, wolfe mein eigenes Hack
für meine Burgerpatties und koche
einfache und ehrliche Gerichte die
mich begeistern.*

—TIPP—

*Dazu passen
Fächerkartoffeln.*

DRUMSTICKS

35 MIN.   4 - 6 PORTIONEN

ZUTATEN

1 KG HÄHNCHENKEULEN (NUR DIE UNTERKEULEN)

5 EL OLIVENÖL

5 EL ANKERKRAUT BIG BUTTER

6 EL BELIEBIGE BBQ SAUCE

6 EL AHORNSIRUP

3 – 4 EL ZITRONENSAFT

1. Den Grill vorheizen. Die Hähnchenkeulen mit Küchenpapier abtupfen. Die Haut am langen Knochen, etwa 1 cm unterhalb des Knochenendes einschneiden und nach unten, zum Fleisch schieben. Knorpel am Knochenende entfernen.

2. Big Butter in einen Mörser geben und leicht zerkleinern. Die Keulen erst mit Olivenöl, dann mit Big Butter rundherum einreiben. Bei etwa 175 °C indirekter Hitze ca. 30 Minuten garen, dabei mehrfach wenden.

3. Die BBQ Sauce mit Ahornsirup und Zitronensaft verrühren. Die Sauce in eine Tasse füllen, die Drumsticks kurz eintauchen und abtropfen lassen. Die Drumsticks kurz auf den Grill legen, bis die Sirup-Sauce etwas fester ist. Sofort servieren.

—TIPP—

Den Grillrost eventuell
mit dicker Alufolie
belegen um heraus-
tropfenden Käse
aufzufangen

—SIZZLE BROTHERS—

*Wir sind die SizzleBrothers aus
Hannover und betreiben seit 2015
den gleichnamigen Blog und Youtu-
be Kanal, welcher sich mit Themen
rund um das Grillen beschäftigt.
Wir haben für nahezu jeden Geschmack das passende Rezept dabei. Unser Ziel ist es, Leidenschaft
und Spaß an diesem tollen Hobby
zu vermitteln und uns dabei selbst
nicht zu ernst zu nehmen.*

GRILL-BAGUETTE

30 MIN.   2-4 PORTIONEN

ZUTATEN

1 BUND WEISSE ODER ROTE LAUCHZWIEBELN
(ETWA 120 G)
1 – 2 EL ANKERKRAUT #SMOKE
1 ROTE CHILISCHOTE
150 G DOPPELRAHMFRISCHKÄSE
70 G BACON, IN SCHEIBEN
1 BAGUETTE
170 G GEMISCHTER, GERIEBENER KÄSE

AUSSERDEM

KÜCHENGARN

1. Den Grill vorheizen. Die Lauchzwiebeln putzen, waschen, schräg in feine Ringe schneiden und mit 1 Teelöffel #Smoke vermengen. Die Chilischote entkernen, waschen, in kleine Würfel schneiden und mit Frischkäse und 1 Teelöffel #Smoke verrühren. Den Bacon auf dem Grill oder in der Pfanne ausbraten und auf Küchenpapier abtropfen lassen.

2. Das Baguette der Länge nach möglichst tief ein- jedoch nicht durchschneiden. Das Baguette vorsichtig aufklappen. Etwas Krume herausnehmen. Die Innenseiten des Baguettes mit Frischkäse bestreichen

3. Auf die untere Schnittfläche eine Hälfte des geriebenen Käses verteilen. Nacheinander die Lauchzwiebeln und die Baconscheiben darauf legen und mit übrigem Käse bestreuen. Das Baguette schließen und an 4 Stellen mit Küchengarn umwickeln.

4. Das Baguette auf den Grillrost legen und bei etwa 150°C indirekter Hitze von beiden Seiten goldbraun grillen.

„ **WIR MÜSSEN
FETT VERBRENNEN —
SCHMEISST DEN
GRILL AN!** "

Einfach immer gut.

Kategorie

EINFACH GRILLEN

PIZZA
MIT TOMATE, RUCOLA UND BRESAOLA

40 MIN.   1 STD.   4 PIZZEN

ZUTATEN

350 G WEIZENMEHL (TYPE 550)

½ PCK. TROCKENBACKHEFE

1 TL SALZ

6 EL OLIVENÖL

400 G MITTELGROSSE TOMATEN

50 G RUCOLA

ETWA 70 G PARMESAN

4 TL ANKERKRAUT PIZZA GEWÜRZ

1 DOSE STÜCKIGE TOMATEN (400 G)

MEHL ZUM BEARBEITEN

150 G BRESAOLA IN SEHR DÜNNEN SCHEIBEN

AUSSERDEM

1 PIZZASTEIN

1. Mehl, Hefe und Salz in einer Schüssel mischen. 220 ml Wasser und 4 Esslöffel Olivenöl dazugeben. Die Zutaten zu einem glatten Teig verkneten. Den Teig zugedeckt so lange gehen lassen, bis sich das Teigvolumen fast verdoppelt hat (etwa 1 Stunde).

2. Den Grill vorheizen. Die Tomaten waschen, halbieren und den Stielansatz entfernen. Die Tomatenhälften in Spalten schneiden. Rucola putzen, waschen und trockenschleudern. Parmesan in dünne Scheiben hobeln. Pizza Gewürz unter die stückigen Tomaten rühren.

3. Den Pizzastein im Grill bei 220 – 250°C indirekter Hitze vorheizen. Den Teig in 4 Portionen teilen. 3 Portionen beiseitelegen. Den restlichen Teig auf der bemehlten Arbeitsfläche zu einer Kugel formen und zu einer runden Platte (Ø etwa 24 cm) ausrollen.

4. Den Pizzastein vorsichtig vom Grill nehmen, auf ein Kuchengitter legen und dünn mit Mehl bestäuben. Den Teig auf den heißen Pizzastein legen. ¼ der stückigen Tomaten auf den Teig streichen und mit ¼ der Tomatenspalten belegen. Den Stein wieder auf den heißen Grill legen. Die Pizza 3 Minuten im geschlossenen Grill backen, anschließend etwa 5 Minuten auf dem offenen Grill backen.

5. Die heiße Pizza sofort mit jeweils einem Viertel Bresaola, Rucola und Parmesan belegen und mit einem Teelöffel des restlichen Öls beträufeln. Die Pizza sofort servieren.

6. Aus den restlichen Zutaten auf die gleiche Weise 3 weitere Pizzen herstellen.

BUNTE GEMÜSE- SPIESSE

35 MIN.   4 PORTIONEN

ZUTATEN

2 GELBE ZUCCHINI

2 GRÜNE ZUCCHINI

200 G PIMIENTOS DE PADRÓN

½ HOKKAIDO KÜRBIS

6 ROTE ZWIEBELN

4 EL OLIVENÖL

3 – 4 EL ANKERKRAUT ITALIAN GARDEN

ANKERKRAUT SALZ

FÜR DEN DIP

250 G MAGERQUARK

250 G MASCARPONE

5 EL MILCH

1 – 2 EL ANKERKRAUT ITALIAN GARDEN

AUSSERDEM

12 METALLSPIESSE

1. Den Grill vorheizen. Zucchini, Pimientos de Padrón und den Hokkaido Kürbis waschen. Die Zucchini in etwa 1,5 cm dicke Scheiben schneiden. Den Kürbis entkernen und in Spalten schneiden. Die Zwiebeln schälen und waagerecht in etwa 1 cm dicke Scheiben schneiden.

2. Das Gemüse in beliebiger Reihenfolge auf die Spieße stecken. Das Gemüse dünn mit Öl bestreichen und bei kleiner Hitze, je nach Gemüse, 6 – 10 Minuten grillen. Die Spieße während des Grillens immer wieder wenden. (Die Spieße, je nach Dicke der Gemüsestücke, mehrfach verwenden).

3. Für den Dip den Quark mit Mascarpone, Milch und Italian Garden verrühren und abschmecken.

4. Das gegarte Gemüse mit Italian Garden bestreuen und mit dem Dip servieren.

GEFÜLLTES ALLERLEI

80 MIN.   4 PORTIONEN

FÜR DIE GEFÜLLTEN ZUCCHINI

50 G BELUGA LINSEN

4 RUNDE ZUCCHINI (ETWA 850 G)

70 G BULGUR

50 G SCHAFSKÄSE

1 TL SCHWARZER SESAM

30 G ROSINEN

1 – 2 TL ANKERKRAUT TACO & BURRITO

FÜR DIE GEFÜLLTEN TOMATEN

60 G LAUCH

50 G KNOLLENSELLERIE

6 EL OLIVENÖL

5 MITTELGROSSE TOMATEN (JE ETWA 100 G)

30 G GERIEBENER PARMESAN

1 – 2 TL ANKERKRAUT TACO & BURRITO

FÜR DIE GEFÜLLTEN PILZE

30 G PINIENKERNE

60 G WEISSBROT (IN SCHEIBEN)

4 STÄNGEL GLATTE PETERSILIE

150 G MOZZARELLA

4 PORTOBELLO PILZE (JE ETWA 80 G)

1 – 2 TL ANKERKRAUT TACO & BURRITO

AUSSERDEM

1 KUGELAUSSTECHER

KÜCHENGARN

EINE FLACHE OFENFESTE AUFLAUFFORM

01 ZUCCHINI

Die Zucchini putzen, waschen und jeweils einen kleinen Deckel abschneiden. Die Zucchini mit einem Kugelausstecher bis auf einen 1 cm breiten Rand aushöhlen. Die Deckel nur leicht aushöhlen. Für die Füllung das Fruchtfleisch (200 g) fein pürieren, mit 150 ml Wasser und dem Bulgur in einem Topf verrühren und aufkochen. Bei schwacher Hitze etwa 5 Minuten köcheln lassen, bis die Flüssigkeit aufgesogen ist. Den Schafskäse trocken tupfen und zerkrümeln. Mit Sesam und Rosinen unter die Bulgurmasse heben. Die Füllung mit 1-2 TL Taco & Burrito Gewürz abschmecken und in die Zucchini füllen. Die Deckel auflegen.

02 TOMATEN

Für die gefüllten Tomaten die Linsen mit 200 ml Wasser in einen Topf geben, aufkochen und bei schwacher Hitze etwa 15 Minuten köcheln lassen. Anschließend in einem Sieb abspülen und abtropfen lassen. Den Lauch putzen, waschen und in kleine Ringe schneiden. Den Sellerie schälen und in kleine Würfel schneiden. 2 Esslöffel Öl erhitzen, Sellerie und Lauch darin 5 Minuten zugedeckt dünsten. 4 Tomaten waschen und jeweils einen kleinen Deckel abschneiden. Die Tomaten aushöhlen, das Innere durch ein Sieb streichen und den Saft auffangen. Sellerie und Lauch, die gegarten Linsen, den Tomatensaft und den Parmesan verrühren. Die Füllung mit 1 – 2 Teelöffel Taco & Burrito abschmecken und in die Tomaten füllen. Die Deckel auflegen.

03 PILZE

Für die gefüllten Pilze die Pinienkerne in einer Pfanne ohne Fett goldbraun rösten und abkühlen lassen. Das Weißbrot entrinden, in kleine Würfel schneiden und kurz in der Pfanne rösten. Die Petersilie abspülen, trocken tupfen, die Blätter abzupfen und grob hacken. Mozzarella abtropfen lassen. Von der beiseitegelegten Tomate den Stielansatz herausschneiden. Tomate und Mozzarella in kleine Würfel schneiden, mit Pinienkernen, Weißbrot und Petersilie vermengen und mit 2 – 3 Teelöffel Taco & Burrito würzen. Den Stiel der Portobello Pilze entfernen. Die Oberseite der Pilze flach schneiden. Die Pilze wieder umdrehen, die Füllung darauf verteilen und leicht andrücken.

Zucchini- und Tomatendeckel mit Küchengarn fixieren. Das Gemüse in eine flache Form legen, mit restlichem Öl beträufeln und auf dem Grill bei 180 °C indirekter Hitze garen. Die Pilze etwa 20 Minuten, die Tomaten etwa 30 Minuten und die Zucchini etwa 35 Minuten garen.

—TIPP—

Die Pfeffer Symphonie
vorher eventuell im Mörser
etwas zerkleinern.

SPARGEL
MIT BACON

75 MIN.   4 – 6 PORTIONEN

ZUTATEN

1 KG WEISSER SPARGEL

1 KG GRÜNER SPARGEL

ETWA 300 G BACON IN DÜNNEN SCHEIBEN

6 STÄNGEL ESTRAGON

2 STÄNGEL GLATTE PETERSILIE

70 ML GEMÜSEFOND

250 G SALATMAYONNAISE

1 – 2 EL SOJASAUCE

2 – 3 EL ANKERKRAUT PFEFFER SYMPHONIE

ANKERKRAUT SALZ

1. Den Grill vorheizen. Spargel waschen und abtropfen lassen. Den weißen Spargel schälen und die Enden abschneiden. Vom grünen Spargel nur das untere Drittel schälen und die Enden abschneiden.

2. Jeweils 2 Stangen Spargel einer Sorte nebeneinander legen und mit 1 Scheibe Bacon umwickeln.

3. Den weißen Spargel 8 – 10 Minuten, den grünen Spargel 6 – 8 Minuten bei mittlerer Hitze grillen. Den Spargel während des Grillens immer wieder wenden.

4. Für die Sauce Estragon und Petersilie abspülen und trocken tupfen. Die Blätter abzupfen, vom Estragon einige zum Bestreuen beiseitelegen. Restliche Kräuterblätter hacken. Gemüsefond, Salatmayonnaise und gehackte Kräuter verrühren. Mit Sojasauce abschmecken.

5. Den Spargel anrichten, mit restlichem Estragon, Pfeffer Symphonie und Salz bestreuen. Die Sauce dazu servieren.

GRILLPARTY

WIR LADEN EIN ZUM GRILLEN, CHILLEN, KISTE KILLEN! UND WIR WISSEN: VORBEREITUNG IST DAS HALBE LEBEN. DAMIT ALLE GÄSTE GLÜCKLICH UND ZUFRIEDEN SIND, HABEN WIR EINE CHECKLISTE FÜR DICH, WAS DU DICH VOR JEDER GRILL-PARTY FRAGEN SOLLTEST:

? WIE VIELE GÄSTE KOMMEN?

Pro Kopf solltest du mit 250 – 350g Fleisch rechnen.

? WAS MÖCHTE ICH ANBIETEN?

Denk dran, dass ein Grill nur begrenzt Platz bietet. Bereite die Gerichte so vor, dass nicht alle zur gleichen Zeit auf den Rost müssen.

? WER IST DER GRILLMEISTER?

A. Ich will im Geschehen sein und organisiere einen Grillmeister.

B. Ich feier mit und habe bereits alles vorbereitet (z. B. Pulled Pork).

C. Ich zeige, was ich kann und grille live für meine Gäste.

—KIDS CHOICE GRILLPARTY—

Mach die Grillparty zu einem Ereignis für die Kleinen und bereite Spiele wie Topfschlagen oder eine Schatzsuche im Garten vor. So bekommt keiner Langeweile.

Spielfreie Zone: Die Kinder sollten dem heißen Grill nicht zu nahe kommen - treffe alle Vorbereitungen, um stressfrei feiern zu können.

Die Kleinen wollen mitmischen: Lass sie das Essen mitgestalten, indem sie zum Beispiel ihren Burger selbst belegen dürfen.

KIDS-CHOICE

Auf den Seiten 35, 115, 123 und 131 findest du tolle Rezepte, die die kleinen Augen ganz groß werden lassen.

10 MUST-HAVES FÜR EINE GELUNGENE GRILL-PARTY

-01-

Der erste Eindruck zählt: Serviere einen Welcomedrink wie unseren Biercocktail (S. 137).

-02-

Für die, die den ganzen Tag extra nichts gegessen haben: Bereite Snacks für die Wartezeit vor, wie zum Beispiel Focaccia (S. 83) oder gegrillten Camembert (S. 85).

-03-

Für den guten Willen: Serviere doch mal einen anderen Beilagen-Salat wie zum Beispiel unseren asiatischen Coleslaw (S. 113).

-04-

Schaffe eine Wohlfühlatmosphäre: Mit der richtigen Tisch-Deko, der passenden Beleuchtung und guter Musik fühlt sich jeder willkommen und zuhause.

-05-

Das A und O: Fleisch! Du kennst deine Gäste am besten und weißt was sie am liebsten mögen. Neue Zubereitungsarten und besondere Stücke wie das Wagyu (S. 95) hinterlassen Eindruck.

-06-

Stay Hydrated! Wir wollen ja nicht, dass deine Gäste verdursten. Mit Bier und Wein macht man nichts falsch. Mit einem Special Long Drink, der die Gäste durch den Abend begleitet auch nicht (S. 139).

-07-

Willst du Bewegung auf deiner Party oder alle Gäste sicher am Tisch wissen? Biete unterschiedliche Sitzgelegenheiten an. Oder mach's deinen Gästen gemütlich, so dass sie den ganzen Abend nicht mehr aufstehen müssen.

-08-

Man muss die Feste feiern wie sie fallen: Auf das Wetter kannst du keinen Einfluss nehmen. Aber wenn du die Wetterlage im Blick behältst, kannst du dich rechtzeitig um Überdachung und Wärme sorgen. Zur Not geht's mit dem Heizstrahler unter das Carport.

-09-

Eine Grill-Party hinterlässt Spuren. Deshalb überlege dir vorher ob du das edle Geschirr herausholst, das per Hand gespült werden muss oder doch lieber auf Pappteller ausweichst.

-10-

Das beste kommt zum Schluss: Nutze die Resthitze und zaubere deinen Gästen noch etwas süßes auf die Teller. Traust du dich an die Eisbombe vom Grill (S. 127)?

— TIRP —

*Dazu passt zum Beispiel eine
mit etwas Danish Smoked Salt
gewürzte Hollandaise oder
eine Tomatensauce.*

GLUT-GEMÜSE

 35 MIN.   4 - 6 PORTIONEN

ZUTATEN

4 MAISKOLBEN

4 KLEINE KOHLRABI

4 KLEINE ARTISCHOCKEN

4 KLEINE ROTE BETE

2 EL ZITRONENSAFT

6 EL OLIVENÖL

3 – 4 EL ANKERKRAUT AUFLAUFGEWÜRZ

AUSSERDEM

ALUFOLIE

1. Den Grill vorheizen. Kohlrabi waschen und schälen, dabei etwas vom jungen Grün stehen lassen. Die Artischocken waschen, den Stiel abbrechen und die Bruchstelle an der Blüte mit Zitronensaft beträufeln. Die Rote Bete schälen (Achtung färbt, eventuell Handschuhe anziehen).

2. Für Maiskolben, Kohlrabi und Rote Bete 12 Bögen Alufolie mit Öl bestreichen. Jeweils 1 Stück Gemüse oder Mais darauflegen, mit Öl bestreichen, mit etwas Auflaufgewürz bestreuen und in die Folie wickeln. Anschließend jedes Päckchen mit 2. Bogen Alufolie umwickeln.

3. Für die Artischocken 4 weitere Bögen mit Öl bestreichen, die Artischocken darauflegen. Zum Bestreichen die Blätter etwas auseinanderdrücken, die Zwischenräume mit Öl bestreichen und mit etwas Auflaufgewürz bestreuen. Die Artischocken auf die beschriebene Weise einpacken.

4. Die Päckchen in die heiße Glut legen und wie folgt Garen:
• Rote Bete etwa 40 Minuten
• Maiskolben etwa 30 Minuten
• Kohlrabi etwa 20 Minuten
• Artischocken etwa 20 Minuten
Den Grill während des Garens geschlossen halten. Die Gemüsepäckchen mehrfach wenden. Die Päckchen öffnen, Gemüse und Mais eventuell mit etwas Auflaufgewürz nachwürzen

SÜSS-
KARTOFFELN

20 MIN.   4 – 6 PORTIONEN

ZUTATEN

1 KG SÜSSKARTOFFELN
3 EL OLIVENÖL
2 – 3 EL ANKERKRAUT SÜSSKARTOFFEL-SALZ

1. Den Grill vorheizen. Die Süßkartoffeln gründlich waschen, abtropfen lassen und der Länge nach in etwa 1,5 cm dicke Scheiben schneiden. Die Scheiben dünn mit Öl bestreichen, auf den Grill legen und bei direkter Hitze, am Rand der Glut, etwa 5 Minuten von jeder Seite goldbraun grillen.

2. Die heißen Kartoffelscheiben mit Süßkartoffel Salz bestreuen.

FOCACCIA

AUS KARTOFFELTEIG

 60 MIN.   40 MIN.   2 FOCACCIA

ZUTATEN

200 G MEHLIG KOCHENDE KARTOFFELN

400 G WEIZENMEHL (TYPE 550)

½ PCK. TROCKENBACKHEFE

2 GESTR. TL ANKERKRAUT SALZ

250 ML WASSER

5 EL OLIVENÖL

500 G MITTELGROSSE TOMATEN

1 BÜFFELMOZZARELLA (150 G)

1 – 2 EL ANKERKRAUT TOMATE MOZZARELLA

MEHL ZUM BEARBEITEN

AUSSERDEM

1 PIZZASTEIN

1. Kartoffeln waschen und etwa 25 Minuten garen. Kartoffeln kurz mit kaltem Wasser abspülen, abtropfen lassen und pellen.

2. Mehl, Hefe und Salz in einer Schüssel mischen. Heiße Kartoffeln durch die Kartoffelpresse drücken, und zum Mehlgemisch geben. Wasser und 2 Esslöffel Olivenöl dazugeben. Die Zutaten zu einem glatten Teig verkneten. Den Teig zugedeckt etwa 40 Minuten gehen lassen, bis sich das Teigvolumen fast verdoppelt hat. Den Grill vorheizen.

3. Inzwischen die Tomaten waschen. Stielansätze herausschneiden, Tomaten in Scheiben schneiden. Mozzarella abtropfen lassen und in Scheiben schneiden.

4. Den Pizzastein auf dem heißen Grill bei 180 - 200 °C indirekter Hitze vorheizen. Den Teig halbieren. Eine Hälfte auf der bemehlten Arbeitsfläche etwa 3 cm kleiner als den Pizzastein ausrollen. Den Teig auf den heißen Stein legen und mit der Hälfte der Tomaten- und Mozzarellascheiben belegen. Mit Tomate-Mozzarella bestreuen und mit etwas Öl beträufeln. Den Stein wieder auf den heißen Grill legen. Die Focaccia 8 – 10 Minuten bei indirekter Hitze backen.

5. Inzwischen den übrigen Teig wie beschrieben ausrollen. Die fertige Focaccia vom Stein auf ein Schneidbrett ziehen und in Stücke schneiden. Ausgerollten Teig auf den heißen Stein legen. Den Teig wie beschrieben mit den restlichen Zutaten belegen und backen.

CAMEMBERT
VON DER SALZPLANKE

35 MIN.   2 - 4 PORTIONEN

ZUTATEN

500 G PFLAUMEN

70 ML APFELSAFT ODER WASSER

2 – 3 TL ANKERKRAUT CINNAMOM PLUM

1 – 2 TL ANKERKRAUT ROH-ROHRZUCKER

1 – 2 TL ZITRONENSAFT

1 CAMEMBERT (250 G, 45 % FETT I. TR.)

½ BAGUETTE

AUSSERDEM

ANKERKRAUT SALZPLANKE

1. Den Grill vorheizen. Die Pflaumen waschen, halbieren und entsteinen. Die Pflaumen mit Apfelsaft oder Wasser, Cinnamom Plum und Zucker vermengen, aufkochen und etwa 4 Minuten zugedeckt köcheln lassen. Mit Zitronensaft abschmecken.

2. Den Käse auf die Salzplanke legen und bei 150 °C indirekter Hitze etwa 5 Minuten erhitzen. (Die Salzplanke unbedingt in den "indirekten Grillbereich" legen, damit sie nicht reißt).

3. Das Brot in Scheiben schneiden. Etwas Pflaumenkompott auf den Camembert geben. Die Brotscheiben auf den Grill legen und im "direkten Grillbereich" von beiden Seiten kurz grillen.

4. Wenn der Käse zerläuft, die Salzplanke mit dem Käse herunternehmen. Kompott und das Brot zum Käse servieren.

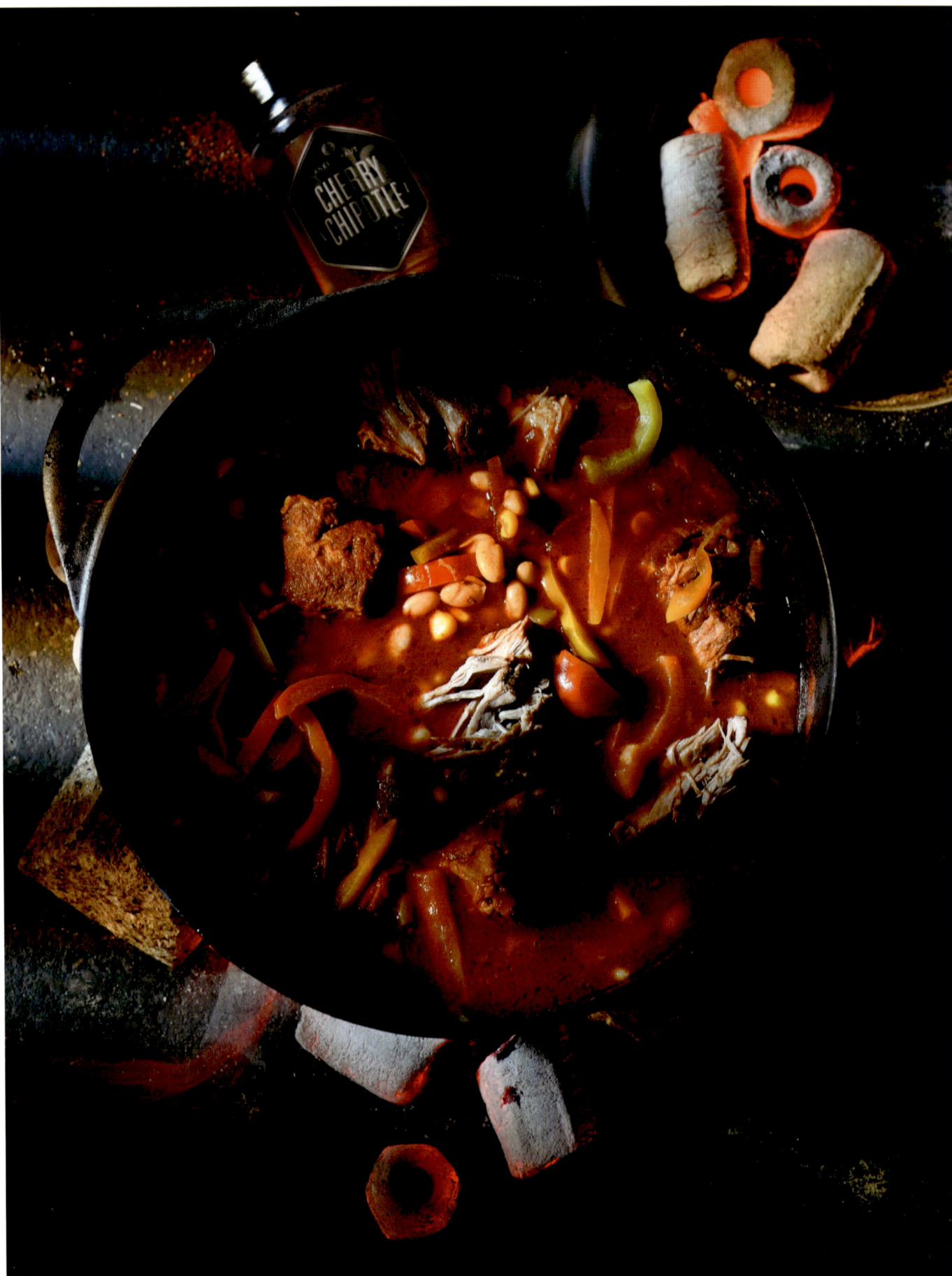

MEAT DRIPPING

3 ½ STUNDEN   4 - 6 PORTIONEN

ZUTATEN

1,7 KG SCHWEINENACKEN (4 STÜCKE)

3 – 4 EL ANKERKRAUT CHERRY CHIPOTLE

300 G ROTE ZWIEBELN

4 PAPRIKASCHOTEN

3 EL RAPSÖL

1 KG PASSIERTE TOMATEN

ETWA 1 L RINDERBRÜHE

1 DOSE WEISSE BOHNEN (500 G ABTROPFGEWICHT)

1 DOSE GEMÜSEMAIS (285 G ABTROPFGEWICHT)

½ BD. GLATTE PETERSILIE

ANKERKRAUT SALZ

ANKERKRAUT PFEFFER

3 BAGUETTES

AUSSERDEM

ETWA ½ HANDVOLL EINGEWEICHTE RÄUCHERCHIPS (NACH GESCHMACK)

1 DUTCH OVEN

1. Den Grill vorheizen. Den Schweinenacken mit Küchenpapier abtupfen und rundherum mit 3 Esslöffel Cherry Chipotle einreiben. Räucherchips auf die Grillkohle legen. Das Fleisch auf dem Grillrost, bei 150 °C indirekter Hitze, etwa 30 Minuten räuchern.

2. Zwiebeln schälen und in Spalten schneiden. Paprika putzen, waschen und in Streifen schneiden. Den Dutch Oven über Grillkohle oder -Briketts auf etwa 250 °C vorheizen.

3. Das Öl im Dutch Oven erhitzen. Zwiebeln und Paprika darin anschwitzen, mit den passierten Tomaten ablöschen und aufkochen lassen. Das angeräucherte Fleisch und die Hälfte der Brühe in den Topf geben. Den Deckel auflegen.

4. Zum Schmoren zusätzlich heiße Grillkohle oder -Briketts auf den Deckel des Dutch Oven legen (Herstellerangaben beachten). Den Eintopf bei etwa 160 °C 2 ½ bis 3 Stunden schmoren. Gelegentlich die Flüssigkeit kontrollieren und, falls nötig, mit restlicher Brühe auffüllen.

5. Bohnen und Mais in einem Sieb abspülen, abtropfen lassen und etwa 20 Minuten vor Ende der Garzeit in den Topf geben. Petersilie waschen, trocken tupfen, die Blätter abzupfen und grob hacken.

6. Das Fleisch im Topf zerzupfen. Falls der Eintopf zu flüssig ist, noch einige Zeit offen einkochen lassen. Den Eintopf mit Salz, Pfeffer und Cherry Chipotle abschmecken und mit Petersilie bestreuen. Baguettes zum Dippen in Stücke schneiden und dazu servieren.

„HAUTE GRILLAGE "

*Die hohe Kunst
des Grillens*

Kategorie

GRILLKUNST

LAMMKRONE

30 MIN.   4 - 5 STD.   4 PORTIONEN

ZUTATEN

2 STÜCKE LAMMKARREE (JE ETWA 450 G)
3 – 4 EL ANKERKRAUT FLEUR DE SEL KRÄUTER
2 EL OLIVENÖL

1. Das Fleisch mit Küchenpapier abtupfen. Die Fettschicht entfernen. Die freiliegenden Knochen sauber schaben. Das Fleisch rundherum mit 3 Esslöffel Fleur de Sel und Olivenöl einreiben, in eine Schüssel legen, zudecken, in den Kühlschrank stellen und etwa 3 – 4 Stunden ruhen lassen. Etwa 1 Stunde vor dem Grillen das Fleisch aus dem Kühlschrank nehmen.

2. Den Grill vorheizen. Das Fleisch zuerst auf der Innenseite, anschließend auf der Fleischseite 15 – 20 Minuten bei mittlerer, direkter Hitze grillen. Das Fleisch sollte eine Kerntemperatur von etwa 53 °C haben.

3. Das Fleisch zugedeckt 10 Minuten ruhen lassen. Danach in Scheiben schneiden und mit etwas Fleur de Sel bestreuen.

—TIPP—

*Für dieses Gericht muss der
Tafelspitz unbedingt eine dicke
Fettkante aufweisen und mit
Fett durchzogen sein. Mageres
Fleisch ist ungeeignet.*

PICANHA

MIT MANGO-SAUCE

60 MIN.   30 MIN.   4 PORTIONEN

ZUTATEN

1 KG PICANHA (DURCHWACHSENER TAFELSPITZ
MIT DICKER FETTKANTE, VORBESTELLEN)
ANKERKRAUT BBQ SALZFLOCKEN
½ BD. GLATTE PETERSILIE
½ BD. BASILIKUM
½ BD. KORIANDER
2 TL CHILIFLOCKEN
ANKERKRAUT SALZ
2 – 3 EL REISESSIG
5 EL KEIMÖL
1 REIFE MANGO (ETWA 350 G)

AUSSERDEM

1 DREHSPIESS MIT MOTOR

1. Das Fleisch mit Küchenpapier abtupfen und quer in 3 – 4 cm dicke Scheiben schneiden. Die Scheiben von beiden Seiten mit reichlich Salz bestreuen und 30 Minuten auf einem Rost ruhen lassen. Den Grill vorheizen.

2. Inzwischen die Kräuter für die Sauce abspülen und trocken tupfen. Die Blätter abzupfen, hacken und mit Chili und etwas Salz mischen. Essig und Öl dazugeben und verrühren. Die Mango schälen, das Fruchtfleisch um den Kern herum abschneiden, in sehr kleine Würfel schneiden und zur Sauce geben. Die Sauce kaltstellen.

3. Das Salz vom Fleisch tupfen. Die Fleischscheiben waagerecht auf einen Drehspieß stecken und bei etwa 180 °C indirekter Hitze etwa 40 Minuten, unter ständigem Drehen, garen. Das Fleisch sollte eine Kerntemperatur von etwa 54 °C haben.

4. Das Fleisch vom Drehspieß streifen und 5 Minuten ruhen lassen. Die Sauce mit Reisessig und Salz abschmecken. Picanha mit einigen Salzflocken bestreuen und mit der Sauce servieren.

01

FÄCHERKARTOFFELN

Für Fächerkartoffeln pro Person etwa 250 g festkochende Kartoffeln gründlich waschen und bürsten. Die Kartoffeln auf ein Schneidbrett legen. Der Länge nach, direkt neben eine Kartoffel den Griff eines hölzernen Kochlöffels legen. Die Kartoffel quer in etwa 3 mm breiten Abständen so tief einschneiden, dass das Messer auf den Kochlöffelstiel trifft. Auf diese Weise verhindert man, dass man die Kartoffel ganz durchschneidet und sie beim Backen zerfällt.

Die eingeschnittenen Kartoffeln salzen und im vorgeheizten Backofen bei 200 °C etwa 40 Minuten garen.

SPATCH-COCK CHICKEN

45 MIN.   1 STD.   2 PORTIONEN

ZUTATEN

1 MAISHÄHNCHEN (ETWA 1,2 KG)
3 EL SONNENBLUMENÖL
3 – 4 EL ANKERKRAUT AFRICA DESERT DUST

1. Das Hähnchen auf die Brustseite legen. Mit einer Geflügelschere von beiden Seiten am Rückgrat des Hähnchens entlang schneiden, das Rückgrat und den Hals entfernen. Das Hähnchen abspülen, trocken tupfen und putzen.

2. Öl und 3 Esslöffel Africa Desert Dust verrühren und von beiden Seiten auf das Hähnchen streichen. Das Hähnchen zugedeckt 1 Stunde marinieren. Den Grill vorheizen.

3. Das Hähnchen mit der Bauchseite (Innenseite) nach unten auf den Grill legen und mit einer ofenfesten, schweren Pfanne oder einem flachen Topf beschweren. Das Hähnchen bei schwacher bis mittlerer, direkter Hitze etwa 25 Minuten zugedeckt grillen.

4. Danach das Hähnchen auf die Brustseite drehen, wieder beschweren und etwa 8 Minuten bei schwacher Hitze fertig grillen. Es ist gar, wenn sich die Schenkel leicht aus dem Gelenk lösen lassen und der Fleischsaft klar ist.

5. Das Hähnchen 5 Minuten ruhen lassen, dann zerteilen und eventuell mit Africa Desert Dust nachwürzen. Dazu passen zum Beispiel Fächerkartoffeln.

WAGYU
MIT GRÜNEN BOHNEN

40 MIN.   2 PORTIONEN

ZUTATEN

1 WAGYU ENTRECÔTE (ETWA 400 G, VORBESTELLEN)

4 ROTE LAUCHZWIEBELN

250 G BREITE BOHNEN

150 G AUSTERNPILZE

2 EL OLIVENÖL

1 REIFE AVOCADO

80 ML RINDERFOND

2 – 3 TL WASABI (GRÜNES MEERRETTICH-PULVER)

1 – 2 TL ZITRONENSAFT

ANKERKRAUT SALZ UND PFEFFER

1. Den Grill vorheizen. Lauchzwiebeln und Bohnen putzen, waschen und abtropfen lassen. Lauchzwiebeln längs durchschneiden. Austernpilze mit Küchenpapier abreiben und putzen. Gemüse dünn mit Öl einstreichen. Die Bohnen an den Rand des Grillrostes legen und etwa 10 Minuten bei mittlerer, direkter Hitze grillen. Lauchzwiebeln und Austernpilze etwa 8 Minuten grillen. Das Gemüse zwischendurch wenden. Fertiges Gemüse zugedeckt beiseitelegen.

2. Für die Sauce die Avocado halbieren und den Kern entfernen. Das Fruchtfleisch der Avocado mit einem Löffel aus der Schale lösen. Rinderfond leicht erwärmen. Avocado mit Rinderfond und Wasabi zu einer Sauce pürieren. Die Sauce mit Zitronensaft und Salz abschmecken und im Topf beiseitestellen.

3. Das Fleisch bei etwa 230 °C direkter Hitze auf den Grill legen. Jeweils 3 Minuten von jeder Seite grillen. Fleisch vom Grill nehmen, zudecken und 10 Minuten ruhen lassen.

4. Die Sauce leicht erwärmen. Das Gemüse ebenfalls kurz erwärmen und mit Salz und Pfeffer würzen. Das Fleisch aufschneiden mit Salz und Pfeffer bestreuen und mit Gemüse und Sauce servieren.

GRILLEN IN ALLER WELT

VEREINIGTE STAATEN VON AMERIKA

SIE HABEN ES ZWAR NICHT ERFUNDEN, ABER SIND IN JEDER HINSICHT TRENDSETTER. IN AMERIKA GEHÖRT DAS SMOKEN VON GROSSEN FLEISCHSTÜCKEN ZUM „AMERICAN WAY OF LIFE". AUCH WIR KÖNNEN UNS VON DEN KÜNSTEN DER AMIS, DAS FLEISCH GOLDBRAUN UND SAFTIG ZUZUBEREITEN, EINE SCHEIBE ABSCHNEIDEN.

—DEUTSCHLAND—

Bei uns zulande wird noch holzfäller-mäßig ein schönes Stück Nacken vom Schwein auf dem Holzkohlegrill gegrillt. Dazu ein schönes Bier und Kartoffelsalat. Aber Klischees beiseite - das Grillen allgemein und vor allem das Smoken am Gasgrill gewinnt auch bei uns immer mehr an Bedeutung. Wir können uns auf eine noch Grillreichere Zukunft freuen.

AUSTRALIEN

Die Australier nennen ein zünftiges Barbecue liebevoll „Barbie" und bevorzugen Steak und Fisch aus der eigenen Region. Die öffentlichen Grill-Stationen an jedem Strand, in jedem Park und an nahezu jeder Raststätte verdeutlichen, wie sehr das Barbie zu ihrem Lifestyle gehört und nicht mehr wegzudenken ist.

SÜDAFRIKA

Where it all begann: Die Kunst zu Würzen hat Stefan in Afrika gelernt und auch gerne wieder dort angewendet. In Süd Afrika ist das Braai die nationale Art zu grillen. Als Hitzebringer wird traditionell das lang brennende Holz vom Kameldornbaum verwendet. Oben drauf kommt am liebsten die Boerewors oder auch ein Spatchcock Chicken (S. 93).

BBQ IST NICHT EINFACH NUR BBQ.

BBQ IST EIN LIFESTYLE UND DIE KULINARISCHE SPRACHE EINES JEDEN LANDES.
WIR ERZÄHLEN DIR, WIE UNTERSCHIEDLICHE LÄNDER WELTWEIT DAS GRILLEN
AUF IHRE ART UND WEISE ZELEBRIEREN.

BRASILIEN

DIE BRASILIANER SIND DIE INSPIRATION FÜR EINEN GELUNGENEN PICANHA (S. 91), ZU DEUTSCH TAFELSPITZ. BEIM BBQ KOMMT HIER ALLES AUF EINEN SPIESS UND HEISST DANN „CHURRASCO". GEWÜRZT WIRD DAS FLEISCH AM LIEBSTEN MIT GROBEM MEERSALZ WIE UNSERE STEAK & BBQ SALZFLOCKEN, SO BEHÄLT ES SEINEN KÖSTLICHEN EIGENGESCHMACK.

MAROKKO

In Marokko stehen die Gewürze an oberster Stelle beim Grillen. Fleisch und Gemüse bereiten sie vorzugsweise am Spieß oder in einer Tajine zu. Die Tajine ist ein Tongefäss, in welchem die Zutaten mit einem Deckel direkt über der glühenden Kohle gegart werden. So können keine Aromen entweichen. Mit unserer Gewürzmischung „Harissa" holst du dir Marokko auf den heimischen Grill.

—KOREA—

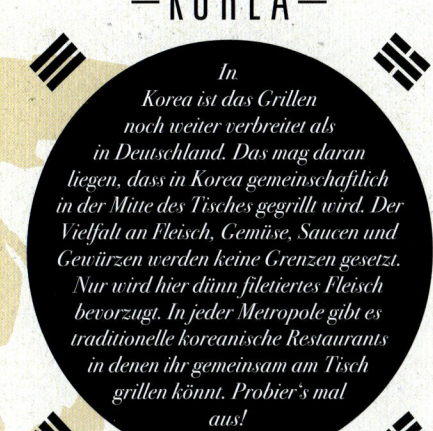

In Korea ist das Grillen noch weiter verbreitet als in Deutschland. Das mag daran liegen, dass in Korea gemeinschaftlich in der Mitte des Tisches gegrillt wird. Der Vielfalt an Fleisch, Gemüse, Saucen und Gewürzen werden keine Grenzen gesetzt. Nur wird hier dünn filetiertes Fleisch bevorzugt. In jeder Metropole gibt es traditionelle koreanische Restaurants in denen ihr gemeinsam am Tisch grillen könnt. Probier's mal aus!

JAPAN

In Japan bekommst du gegrilltes Fleisch, gegrillten Fisch und gegrilltes Gemüse an jeder Straßenecke. Street Food ist das Zauberwort und prägt die japanische Kultur. Das Grillen von Meeresfrüchten ist in einem vom Wasser umgebenen Land wie Japan Gang und Gebe. Aber auch hier wird wie in Korea gerne gemeinsam am Tisch gegrillt. Das nennt sich „Teppanyaki" – schon mal gehört?

—MALAYSIA—

In Südostasien wird beim Grillen anders gewürzt. Anders, aber auch unfassbar gut. Currypasten, Erdnuss, Kokos und Sojasaucen dominieren den Geschmack und machen süchtig nach mehr. Besonders bekannt ist Malaysia für die Satay: Für gewöhnlich handelt es sich hierbei um Hähnchenspieße die in Erdnusssauce gedippt werden.

SCHWEDEN

Jetzt geht's um die Wurst! Die Schweden sind Verfechter gut gewürzter Bratwürste. Aber auch dicke Schwarten vom Schinken und natürlich ganz traditionell Lachs kommt gerne auf den Rost. Gesellig sind sie dabei auch. Am liebsten wird in einer traditionellen Kota, einer Behausung mit Feuerstelle in der Mitte beisammengesessen.

—TIPP—

Wer es bunt mag, verwendet lila, weiße und gelbe Möhren. Sie können auf die gleiche Weise gegrillt werden.

S E C R E T O

MIT MÖHREN

35 MIN.   2 PORTIONEN

ZUTATEN

1 STÜCK SECRETO IBERICO
(FLACHES STÜCK MARMORIERTES SCHWEINERÜCKEN-
FLEISCH NACH SPANISCHEM ZUSCHNITT,
ETWA 350 G, VORBESTELLEN)
400 G MÖHREN IM BUND
½ BUND KORIANDER
3 EL OLIVENÖL
ANKERKRAUT SALZ UND PFEFFER

1. Den Grill vorheizen. Das Fleisch mit Küchenpapier abtupfen. Die Möhren putzen, dabei etwa 2 cm vom Grün stehen lassen. Die Möhren waschen, schälen und der Länge nach durchschneiden.

2. Den Koriander abspülen, trocken tupfen, die Blätter abzupfen und die Hälfte davon in Streifen schneiden.

3. Die Möhren dünn mit Olivenöl bestreichen und von beiden Seiten bei mittlerer direkter Hitze 5 – 8 Minuten grillen. Zur Seite ziehen und warmhalten.

4. Das Fleisch auf den heißen Grill legen. Bei starker direkter Hitze 2 – 3 Minuten von jeder Seite grillen. Das Fleisch zur Seite schieben und bei sehr schwacher Hitze von jeder Seite 2 Minuten nachgaren lassen. Vom Grill nehmen.

5. Die Möhren auf 2 Teller verteilen, mit Salz und Koriander bestreuen und mit restlichem Öl beträufeln. Das Fleisch aufschneiden, auf die Teller verteilen und mit Salz und Pfeffer würzen. Sofort servieren.

LUMA PORK
MIT KIRSCH-CHUTNEY

95 MIN.   2,5 STD.   6 PORTIONEN

ZUTATEN

1 STÜCK LUMA PORK KOTELETT (MIT 6 KOTELETTS)

3 EL ANKERKRAUT BBQ SALT

150 G ZWIEBELN

2 KNOBLAUCHZEHEN

100 G ANKERKRAUT ROH-ROHRZUCKER

500 G SAUERKIRSCHEN, TIEFGEKÜHLT

70 ML HIMBEERESSIG

ETWA 1 TL ANKERKRAUT GRÜNER PFEFFER

1. Das Kotelett-Stück mit Küchenpapier abtupfen. Die Fettkante von Knochen zu Knochen in 1 cm breiten Abständen einschneiden, anschließend in etwa 2 cm breiten Abständen quer dazu einschneiden. Fleisch- und Schwartenseite rundherum mit BBQ Salt einreiben. Das Kotelett-Stück in einen Gefrierbeutel legen und den Beutel verschließen. Das Kotelett-Stück im Kühlschrank mindestens 2 Stunden marinieren. Etwa 30 Minuten vor dem Grillen aus dem Kühlschrank nehmen.

2. Inzwischen die Zwiebeln für das Chutney schälen, halbieren und in Streifen schneiden. Knoblauch schälen und hacken. 100 ml Wasser mit Zwiebeln, Knoblauch und Zucker aufkochen und 7 Minuten zugedeckt köcheln lassen. Die tiefgekühlten Kirschen und den Essig dazugeben und etwa 5 Minuten offen kochen lassen, bis das Chutney dickflüssig wird. Den Pfeffer im Mörser leicht zerstoßen. Das Chutney damit würzen und abkühlen lassen. Den Grill vorheizen.

3. Das Kotelett-Stück mit der Fettseite nach unten auf den vorgeheizten Grill legen und bei 180 °C indirekter Hitze etwa 25 Minuten garen. Das Fleisch umdrehen und bei gleicher Temperatur weitere 55 Minuten garen. Es sollte eine Kerntemperatur von etwa 65 °C haben.

4. Das Fleisch 10 Minuten zugedeckt ruhen lassen, aufschneiden und mit dem Chutney servieren.

WEIHNACHTS-GANS

4,5 STD.   4 - 6 PORTIONEN

ZUTATEN

1 GANS (KÜCHENFERTIG, ETWA 4,5 KG)

2 ZWIEBELN (ETWA 140 G)

2 BIO-ORANGEN (JE ETWA 150 G)

500 G AROMATISCHE ÄPFEL (Z. B. ELSTAR)

3 – 4 EL ANKERKRAUT GÄNSE- UND ENTENBRATEN

60 G ROSINEN

ANKERKRAUT SALZ

AUSSERDEM

1 DREHSPIESS MIT MOTOR UND ZINKEN

ZUM EINSPANNEN VON BRATEN

ROULADENNADELN UND KÜCHENGARN

1 RECHTECKIGE OFENFESTE SCHALE FÜR DEN GRILL

(EVENTUELL ALUSCHALE)

1. Den Grill vorheizen. Von der Gans das Bauchfett und eventuell vorhandene Innereien entfernen. Die Gans von innen und außen waschen und trocken tupfen. Die Gans auf der Brustseite mit kochendem Wasser übergießen, anschließend abtropfen lassen.

2. Für die Füllung die Zwiebeln schälen und in Spalten schneiden. Orangen heiß waschen und mit der Schale in Spalten schneiden. Äpfel waschen, vierteln und die Kerngehäuse entfernen. Die Apfelviertel in Spalten schneiden.

3. Die Halsöffnung der Gans mit Rouladennadeln verschliessen. Zwiebeln, Orangen, Äpfel, Rosinen und 2 EL Gänse- und Entenbraten Gewürz mischen.

4. 1 Teelöffel Salz und ½ Esslöffel Gänse- und Entenbraten Gewürz mischen, den Bauchraum der Gans damit einreiben. Die Gans füllen. Die Bauchöffnung der Gans mit Rouladennadeln und Küchengarn verschließen. Die Flügel mit Küchengarn nach hinten, die Keulen zusammenbinden. Die Gans mit restlichem Gänse- und Entenbraten Gewürz einreiben, auf den Drehspieß stecken und fixieren.

5. Eine rechteckige Schale etwa 1/3 hoch mit Wasser füllen und so auf dem Grill platzieren, dass sie als Tropfschale unter der Gans steht. Die Gans bei 160–180°C indirekter Hitze etwa 3,5 bis 4 Stunden unter ständigem Drehen garen.

6. Während der letzten Stunde die Gans gelegentlich mit dem abgetropften Saft einstreichen. Die Gans ist gar, wenn sich die Keulen leicht lösen lassen und der Fleischsaft klar ist.

„NUN HABEN WIR DEN SALAT. "

*Auch die Nebenrolle gehört
ausgezeichnet besetzt!*

Kategorie

BEILAGEN-SALATE

—TIPP—

Vor dem Servieren etwas Jo-
ghurt auf den Salat geben und
mit Cajun bestreuen.

BULGURSALAT

35 MIN.   15 MIN.   4 PORTIONEN

ZUTATEN

200 G BULGUR

ANKERKRAUT SALZ

50 G GESCHÄLTE, GEHACKTE MANDELN

4 LAUCHZWIEBELN (ETWA 120 G)

300 G KIRSCHTOMATEN

½ BD. GLATTE PETERSILIE

1 TL ANKERKRAUT CAJUN

3 – 4 EL ZITRONENSAFT

2 EL OLIVENÖL

1. Bulgur in 400 ml kochendes Wasser geben, aufkochen, salzen und zugedeckt 3 Minuten köcheln lassen. Anschließend etwa 10 Minuten zugedeckt auf dem ausgeschalteten Herd gar ziehen lassen. Bulgur abkühlen lassen.

2. Mandeln in einer Pfanne ohne Fett goldbraun rösten. Abkühlen lassen. Lauchzwiebeln putzen, waschen und schräg in feine Ringe schneiden. Kirschtomaten waschen und vierteln. Petersilie abspülen, trocken tupfen, die Blätter abzupfen und grob hacken.

3. Mandeln, Petersilie, Tomaten, Lauchzwiebeln und Cajun unter den Bulgur heben. Mit Zitronensaft und Salz würzen. Öl unterrühren. Den Salat 15 Minuten durchziehen lassen. Mit den Gewürzen abschmecken.

NACHO-SALAT

25 MIN.   4 PORTIONEN

ZUTATEN

2 HELLGRÜNE SPITZPAPRIKA (ETWA 160 G)

1 SALATGURKE (ETWA 400 G)

ANKERKRAUT SALZ

2 UNBEHANDELTE LIMETTEN

1 – 2 TL ANKERKRAUT CHILI CON CARNE

1 – 2 TL FLÜSSIGER HONIG

2 REIFE AVOCADOS

50 G GETROCKNETE, IN ÖL EINGELEGTE TOMATEN

½ BD. KORIANDER

200 G JUNGER GOUDA

100 G NACHO CHIPS

1. Paprika waschen, putzen, halbieren und in dünne Streifen schneiden. Die Gurke waschen, der Länge nach durchschneiden, entkernen und in dünne Scheiben schneiden. Paprika und Gurke getrennt voneinander mit etwas Salz mischen und Saft ziehen lassen.

2. Für die Salatsauce die Limetten heiß abwaschen und trocken tupfen. Von einer Limette die Hälfte der Schale fein abreiben. Beide Limetten halbieren. Limettensaft und -schale mit Chili con Carne Gewürz, Salz und Honig verrühren.

3. Die Avocados halbieren, jeweils den Kern entfernen, die Hälften in Spalten schneiden und mit der Salatsauce beträufeln. Tomaten abtropfen lassen und in Streifen schneiden. Koriander abspülen, trocken tupfen und die Blätter abzupfen. Die Hälfte der Blätter zu den Avocados geben.

4. Den Käse auf der Haushaltsreibe grob reiben. Käse, Tomaten, Avocados, Paprika und Gurken auf einer Platte anrichten und mit den übrigen Korianderblättern bestreuen. Die Nachos-Chips dazu servieren.

—TIPP—

Anstelle von Feta Käse kann der Salat auch mit gesalzenen Erdnusskernen bestreut werden.

GURKEN-FETA-SALAT

30 MIN.   4 PORTIONEN

ZUTATEN

200 G KERNLOSE, GRÜNE WEINTRAUBEN

1 KLEINE SALATGURKE (ETWA 300 G)

1 – 2 TL ANKERKRAUT GURKENSALATGEWÜRZ

1 CANTALOUPE-MELONE

2 LAUCHZWIEBELN (ETWA 50 G)

3 EL WEISSER BALSAMICO-ESSIG

5 EL TRAUBEN- ODER SENFÖL

200 G FETA KÄSE

1. Die Weintrauben waschen, trocken tupfen und der Länge nach durchschneiden. Salatgurke waschen, trocken tupfen und in etwa 3 mm dicke Scheiben schneiden. Gurkenscheiben und Weintrauben mischen und mit 1 Teelöffel Gurkensalatgewürz mischen.

2. Die Cantaloupe-Melone halbieren, entkernen, in dünne Spalten schneiden, das Fruchtfleisch von der Schale lösen, in dünne Scheiben schneiden und unter den Salat heben. Lauchzwiebeln putzen, waschen und schräg in dünne Ringe schneiden.

3. Essig und Öl verrühren und unter den Salat heben, den Salat mit Gurkensalatgewürz abschmecken. Feta Käse trocken tupfen und in Stücke krümeln. Den Salat mit Feta Käse und Lauchzwiebeln bestreuen.

—TIPP—

*Dazu passen zum Beispiel
gegrillte Drum Sticks*

ASIATISCHER COLESLAW

30 MIN. **4 PORTIONEN**

ZUTATEN

1 SPITZKOHL (ETWA 600 G)

2 TL ANKERKRAUT FISCH UND SCAMPI GEWÜRZ

300 G MÖHREN

1 BIO-ZITRONE

1 BD. SCHNITTLAUCH

100 G SALATMAYONNAISE (50 % FETT)

1 – 2 EL HELLE SOJASAUCE

1 TL ASIATISCHE FISCHSAUCE

1. Die äußeren Blätter des Spitzkohls abziehen. Den Kohl der Länge nach vierteln und den Strunk entfernen. Die Kohlblätter in feine Streifen schneiden, mit Fisch und Scampi Gewürz mischen, leicht kneten und durchziehen lassen.

2. Möhren schälen und auf dem Gemüsehobel in feine Streifen hobeln. Die Zitrone heiß abwaschen und trocken tupfen. Ein Viertel der Zitronenschale fein reiben, die Zitrone halbieren und auspressen. 1 Esslöffel Zitronensaft, Möhren und die geriebene Zitronenschale mischen. Schnittlauch abspülen, trocken tupfen und in feine Röllchen schneiden.

3. Spitzkohl mit Mayonnaise verrühren. Möhren und die Hälfte des Schnittlauchs unterheben. Den Salat mit Zitronensaft, Soja- und Fischsauce abschmecken und mit restlichem Schnittlauch bestreuen.

—TIPP—

Den Salat zusätzlich mit etwas grob gehackter, glatter Petersilie bestreuen

DEFTIGER KARTOFFEL-SALAT

 50 MIN.   4 PORTIONEN   KIDS-CHOICE

ZUTATEN

800 G KLEINE, FEST KOCHENDE KARTOFFELN

3 EL RAPSÖL

140 G DURCHWACHSENER SPECK AM STÜCK

150 G ROTE ZWIEBELN

2 – 3 EL ANKERKRAUT BRATKARTOFFELGEWÜRZ

2 ÄPFEL (Z. B. ELSTAR ODER BOSKOOP, JE 200 G)

150 ML GEMÜSEBRÜHE

(MIT ½ TL ANKERKRAUT GEMÜSEBRÜHE)

3 – 4 EL WEISSWEINESSIG

1 TL MITTELSCHARFER SENF

1. Die Kartoffeln gründlich waschen, bürsten, abtropfen lassen und in Spalten schneiden. Das Öl in einer Pfanne erhitzen. Die Kartoffeln bei mittlerer Hitze etwa 15 Minuten braten, dabei immer wieder wenden.

2. Inzwischen den Speck in feine Würfel schneiden. Die Zwiebeln schälen, halbieren und in Spalten schneiden. Speck, Zwiebeln und Bratkartoffelgewürz zu den Kartoffeln geben und 10 Minuten mit braten.

3. Äpfel waschen, vierteln, Kerngehäuse entfernen und die Viertel in Spalten schneiden. Apfelspalten in die Pfanne geben und 5 Minuten mit braten. Brühe, 3 Esslöffel Weißweinessig und Senf unterrühren. Den Salat in eine Schüssel füllen und 10 Minuten durchziehen lassen. Den Salat mit Essig und Bratkartoffelgewürz abschmecken.

„ACH WIE SÜSS!“

Wenn schon Dessert,
dann bitte vom Grill!

Kategorie

NACHTISCH VOM GRILL

—TIPP—

*Der Kuchen kann auf die
gleiche Weise mit gemahlenen
Haselnüssen zubereitet werden.
Er ist im Kühlschrank mehrere
Tage haltbar*

KAROTTEN-KUCHEN

70 MIN.   6 - 8 PORTIONEN

ZUTATEN

FÜR DEN TEIG

250 G GEMAHLENE MANDELN

250 G KAROTTEN

4 EIER (GRÖSSE M)

2 EL ZITRONENSAFT

170 G ANKERKRAUT ROH-ROHRZUCKER

80 G DINKELMEHL (TYPE 630)

2 TL ANKERKRAUT HAMBURGER CHAI

1,5 TL NATRON

100 ML NEUTRALES SPEISEÖL
(Z. B. RAPSÖL ODER SONNENBLUMEMÖL)

FÜR DEN BELAG

1 BIO-ZITRONE

2 MITTELGROSSE KAROTTEN

1 EL RAPSÖL

1 EL ANKERKRAUT ROH-ROHRZUCKER

50 G PUDERZUCKER

1 PCK. SAHNESTEIF

600 G DOPPELRAHMFRISCHKÄSE

1 TL ANKERKRAUT HAMBURGER CHAI

AUSSERDEM

1 SPRINGFORM (Ø 26 CM)

1. Den Grill vorheizen. Den Boden der Form mit Backpapier belegen. Die Mandeln in einer ofenfesten Pfanne oder auf einem Blech auf dem Grill bei mittlerer Hitze, unter Rühren, hellbraun rösten. Mandeln vom Grill nehmen und etwas abkühlen lassen.

2. Die Karotten schälen und auf der Haushaltsreibe fein reiben. Eier, Zitronensaft, Zucker in einer Rührschüssel etwa 7 Minuten zu einer dicken Creme aufschlagen. Mehl, Hamburger Chai, Natron und Mandeln mischen und vorsichtig unter die Eiercreme heben. Die Karotten unterheben. Zum Schluss das Öl kurz unterrühren.

3. Den Teig in die Form füllen und bei 160 - 170 °C indirekter Hitze etwa 35 Minuten auf dem Grill backen. Zum Testen ein Holzstäbchen in den Kuchen stecken. Der Kuchen ist gar, wenn beim Herausziehen kein Teig am Stäbchen klebt. Den Kuchen mit einem Messer vom Rand der Springform lösen. Den Kuchen auf einem Kuchengitter in der Form erkalten lassen.

4. Für den Belag die Zitrone heiß abwaschen, abtrocknen und die Schale mit einem Juliennereißer rundherum abziehen. Die Zitrone halbieren und auspressen. Die Karotten schälen und der Länge nach in dünne Streifen hobeln. Das Öl in einer Pfanne erhitzen, die Karottenstreifen darin anbraten und mit Zucker bestreuen. Den Zucker karamellisieren lassen und mit 2 – 3 Esslöffel Zitronensaft ablöschen. Die kandierten Karottenstreifen abkühlen lassen.

5. Den Kuchen auf eine Platte legen. Puderzucker und Sahnesteif mischen. Den Frischkäse mit dem Mixer (Rührbesen) kurz aufschlagen, dabei das Gemisch einrieseln lassen. Die Creme mit etwas Zitronensaft abschmecken und mit einem Löffel auf dem Kuchen verstreichen. Kurz vor dem Servieren den Kuchen mit den kandierten Karotten, dem entstandenen Sud, Zitronenschale und Hamburger Chai garnieren.

SCHOKO-KUCHEN

MIT FLÜSSIGEM KERN

40 MIN. 8 PORTIONEN

ZUTATEN

200 G BUTTER

1 EL ZUCKER ZUM AUSSTREUEN DER FORM

200 G ZARTBITTERSCHOKOLADE

2 EIER (GRÖSSE M)

120 G ANKERKRAUT ROH-ROHRZUCKER

50 G WEIZENMEHL (TYPE 405)

20 G ANKERKRAUT BETÖRENDE SCHOKOLADE

40 G ZARTBITTERSCHOKOLADE

500 ML MANGO-SORBET

AUSSERDEM

1 MUFFINFORM (8 MULDEN)

1. Den Grill vorheizen. Die Butter bei schwacher Hitze in einer Metallschüssel auf dem Grill zerlassen. Die Mulden der Muffinform mit Butter einstreichen und mit etwas Zucker ausstreuen. Die Schokolade hacken und in der Butter schmelzen lassen.

2. Eier und Zucker in eine Schüssel geben und mit dem Mixer (Rührbesen) zu einer dicken Creme aufschlagen. Schoko-Butter-Masse kurz unterrühren. Mehl und Betörende Schokolade mischen und kurz unterrühren.

3. Den Teig in die Mulden füllen, jeweils 1 Stück Schokolade in die Teigmitte geben. Den Teig bei 160 – 180 °C indirekter Hitze etwa 15 Minuten backen, so dass der Rand der Kuchen fest, die Mitte aber noch flüssig ist.

4. Die Küchlein vorsichtig aus der Form heben und mit Mango-Sorbet servieren.

GEFÜLLTE SCHOKO-BANANE

30 MIN.   4 PORTIONEN   KIDS-CHOICE

ZUTATEN

60 G BUTTER

100 G VOLLMILCHSCHOKOLADE

50 G WALNUSS- ODER PEKANNUSSKERNE

4 KLEINE BANANEN

1 – 2 EL ANKERKRAUT TONKA-ZUCKER

4 BLÄTTER FILOTEIG

(1 PACKUNG AUS DEM KÜHLREGAL, 250 G)

1 EL ÖL FÜR DIE FORM

200 G VOLLMILCHJOGHURT

1. Den Grill vorheizen. Die Butter schmelzen. Die Schokolade fein, die Nusskerne grob hacken. Die Bananen schälen und der Länge nach halbieren. Schokolade und Pekannüsse auf die Schnittfläche von 4 Bananenhälften verteilen, die übrigen Hälften darauflegen und leicht andrücken.

2. Den Filoteig mit Butter bestreichen. Auf das untere Drittel jedes Blattes eine gefüllte Banane legen, mit Butter bestreichen und mit Tonka-Zucker bestreuen. Den Teig um die Bananen wickeln. Eine flache Auflauf- oder Backform mit Öl bestreichen, die Bananen-Päckchen hineinlegen und mit restlicher Butter bestreichen.

3. Die Bananen auf dem Grill bei 180 – 200 °C indirekter Hitze 15 – 20 Minuten goldbraun backen. Den Joghurt mit den Bananen anrichten.

GEGRILLTER OBSTSALAT

40 MIN.   6 PORTIONEN

ZUTATEN

1 KLEINE ANANAS

1 CHARANTAIS- ODER CANTALOUPE-MELONE

1 KLEINE PAPAYA

1 GRANATAPFEL

2 EL RAPSÖL

2-3 EL ANKERKRAUT FRUIT AND DESSERT

2 UNBEHANDELTE LIMETTEN

EINIGE STÄNGEL MINZE ODER MELISSE

1. Den Grill vorheizen. Das Grün der Ananas abschneiden. Die Ananas schälen, der Länge nach halbieren und evtl. den Strunk entfernen. Die Hälften quer in Scheiben schneiden.

2. Die Melone halbieren, entkernen, in breite Spalten schneiden und schälen. Die Papaya der Länge nach halbieren und die Kerne entfernen. Die Hälften schälen und quer in dicke Scheiben schneiden. Die Blüte des Granatapfels als Fünfeck herausschneiden. Anschließend den Apfel, von den 5 Ecken aus nach unten einschneiden. Den Apfel vorsichtig aufbrechen und die Kerne herauslösen (Achtung spritzt und färbt). Die Granatapfelkerne kaltstellen.

3. Fruchtscheiben und -spalten dünn mit Öl bestreichen und auf dem heißen Grill von beiden Seiten kurz grillen. Das Obst in eine große Schüssel legen und mit 2 Esslöffel Fruit and Dessert bestreuen. Die Limetten halbieren und auspressen. Den Limettensaft zum Obst geben. Minze oder Melisse abspülen, trocken tupfen und die Blätter abzupfen.

4. Den Salat auf einer großen Platte anrichten. Granatapfelkerne, Kräuterblätter und übriges Fruit and Dessert auf den Salat streuen.

EISBOMBE

45 MIN.　　10 STD.　6 – 8 PORTIONEN

ZUTATEN

1 HELLER WIENER BODEN (400 G)

500 G PISTAZIENEISCREME

40 G PISTAZIENKERNE

150 ML KIRSCHSAFT

3 TL SPEISESTÄRKE

4 – 5 TL ANKERKRAUT TONKA ZUCKER

200 G FEINER ZUCKER

500 G TK- SAUERKIRSCHEN

500 G VANILLE-EISCREME MIT KEKSEN

ETWAS KIRSCHSAFT ZUM AUFFÜLLEN

4 EIWEISS (GRÖSSE M)

1 PRISE SALZ

1 TL ZITRONENSAFT

AUSSERDEM

1 GEFRIERFESTE CHARLOTTEFORM (ETWA 1,4 L INHALT)

1. Den Wiener Boden in 3 Tortenböden teilen. Für die Seiten der Form aus 2 Tortenböden jeweils 2 Rechtecke (je 11 x 9,5cm) schneiden. Für den Boden der Form 2 der abgeschnittenen großen Segmente mit der geraden Seite aneinanderlegen und daraus einen Kreis (Ø 9,5 cm) ausschneiden. Für den Deckel aus dem dritten Tortenboden einen Kreis (Ø 15 cm) ausschneiden, in Folie wickeln und beiseite legen.

2. Die 4 Rechtecke an den langen Seiten nach unten hin etwas schmaler schneiden und hochkant in die Form stellen. Den zusammengesetzten Boden in die Form legen. Die Pistazieneiscreme antauen lassen. Die Pistazien hacken und unterrühren. Die Eiscreme auf dem Boden und an den Seiten verstreichen. Mindestens 2 Stunden gefrieren lassen.

3. Für das Kompott den Saft mit Stärke, Tonka-Zucker und 20 g Zucker unter Rühren aufkochen. Die Kirschen dazugeben, unter Rühren aufkochen und abkühlen lassen.

4. Das Kekseis antauen lassen und in der Form verstreichen. In die Mitte etwas Kompott füllen. Mindestens 8 Stunden gefrieren lassen. Übriges Kirschkompott mit etwas Saft zu einer Sauce auffüllen.

5. Den Grill vorheizen. Eiweiß mit Salz und Zitronensaft steif schlagen. Den restlichen Zucker (180 g) einrieseln lassen, dabei weiter schlagen bis sich der Zucker aufgelöst hat.

6. Mit einem Messer die Eisbombe am Formrand lösen, den Deckel auflegen. Die Eisbombe auf eine ofenfeste Platte stürzen und rundherum mit Eischnee einstreichen. Bei etwa 230 °C indirekter Hitze 5 – 8 Minuten auf dem Grill überbacken. Eventuell mit einem Bunsenbrenner etwas nacharbeiten. Die Eisbombe mit der Kirschsauce servieren.

„ STAY HYDRATED! "

Die schönsten flüssigen
Begleiter für dein BBQ!

Kategorie

SUMMER DRINKS

LIMONADE
MIT APFELSAFT

15 MIN.   4 DRINKS   KIDS-CHOICE

ZUTATEN

5 STÄNGEL MINZE
3 EL ANKERKRAUT APPLE CRUMBLE FRÜCHTETEEMISCHUNG
750 ML APFELSAFT, KLAR
1 GRÜNER APFEL (Z. B. GRANNY SMITH)
ETWA 400 ML MINERALWASSER MIT KOHLENSÄURE

1. Minze waschen, trocken tupfen und die Blätter abzupfen. Blätter in einen Eiswürfelbereiter verteilen und mit circa 350 ml Apfelsaft auffüllen. Mindestens 3 Stunden gefrieren lassen.

2. In der Zwischenzeit Apple Crumble Früchtetee in ein hohes Gefäß geben. Den übrigen Apfelsaft aufkochen und in das Gefäß geben. Den Tee erkalten lassen.

3. Apfel waschen, vierteln, das Kerngehäuse entfernen, die Viertel in dünne Scheiben schneiden. Minz-Eiswürfel und Apfelspalten auf 4 Gläser verteilen. Kalten Tee durch ein Sieb geben, in die Gläser verteilen und mit Mineralwasser auffüllen.

EISTEE
MIT PASSIONSFRUCHT

20 MIN.   4 DRINKS

ZUTATEN

2 EL ANKERKRAUT MOIN MOIN SCHWARZTEE

2 – 3 EL ANKERKRAUT MUSCOVADO ZUCKER

1 UNBEHANDELTE LIMETTE

2 PASSIONSFRÜCHTE

600 ML PASSIONSFRUCHTNEKTAR

12 EISWÜRFEL

ZITRONENMELISSE ZUM GARNIEREN

1. Schwarzen Tee mit 500 ml kochendem Wasser übergießen und etwa 6 Minuten ziehen lassen. Den Tee durch ein feines Sieb gießen, mit Muscovado Zucker abschmecken und abkühlen lassen und kühl stellen.

2. Die Limette heiß abwaschen, trockenreiben und in dünne Scheiben schneiden. Passionsfrüchte halbieren und die Kerne herauskratzen. Passionsfruchtnektar und Kerne verrühren. Gekühlten Tee mit Eiswürfeln und Limettenscheiben auf 4 – 6 Gläser verteilen. Passionsfruchtnektar mit den Kernen dazugeben. Den Eistee mit Melisse garnieren.

MILCHSHAKE
MIT BANANE, PFLAUME UND SCHOKOLADE

15 MIN.   2 - 4 DRINKS

ZUTATEN

2 REIFE BANANEN

3 EL PFLAUMENMUS

600 ML KALTE REISMILCH

2 EL ANKERKRAUT MILCHREIS GEWÜRZ

1 – 2 TL ZITRONENSAFT

8 EISWÜRFEL

4 EL SCHOKORASPELN

1. Die Bananen schälen, in etwa 3 cm große Stücke schneiden und für mindestens 1 Stunde gefrieren. Mit einem Pinsel streifenartig etwas Pflaumenmus auf die Innenseite der Gläser streichen. Die Gläser einfrieren.

2. Die Reismilch mit gefrorenen Bananentücken und Milchreis Gewürz pürieren, mit Zitronensaft abschmecken. Eiswürfel in die Gläser geben. Milchshake auf die Eiswürfel geben und mit Schokoraspel verzieren. Eiskalt genießen.

BIER-
COCKTAIL
MIT GIN UND GRAPEFRUITS

10 MIN.   2 DRINKS

ZUTATEN
———
2 BIO GRAPEFRUITS
4 EL ANKERKRAUT MUSCOVADO ZUCKER
50 ML GIN
12 EISWÜRFEL
2 FLASCHEN CRAFT BEER (JE 0,33 L)

1. Die Grapefruits waschen und trockenreiben. Eine Grapefruit halbieren und auspressen. Die andere so dick schälen, dass die weiße Haut entfernt wird. Die Grapefruit halbieren und in Würfel schneiden.

2. Die Grapefruitstücke mit dem Saft, Muscovado und Gin mischen, dabei die Fruchtstücke leicht zerdrücken. Das Ganze zusammen mit den Eiswürfeln in zwei große Gläser (für etwa 400 ml) füllen und mit Bier auffüllen.

BEEREN-COCKTAIL
MIT BRAUNEM RUM

5 MIN.   4 DRINKS

ZUTATEN

100 ML BRAUNER RUM
50 ML HOLUNDERBLÜTENSIRUP
300 G BEERENMISCHUNG, TIEFGEKÜHLT
2 EL ANKERKRAUT ZIMT & ZUCKER
ETWAS CRUSHED ICE ODER 12 EISWÜRFEL
600 ML MINERALWASSER MIT KOHLENSÄURE

1. Rum und Holunderblütensirup verrühren. Tiefgekühlte Beerenmischung mit Zimt- und Zucker mischen und auf 4 Gläser verteilen. Rum-Holundersirup und Crushed Ice oder Eiswürfel dazugeben, und mit Mineralwasser auffüllen.

GEWÜRZREGISTER

REZEPTREGISTER

DANKSAGUNG

Wow. Unser zweites Buch ist fertig. Auch wenn Stefan und ich in Kombination mit unseren Gewürzen in diesem Buch im Vordergrund stehen, so ist dies eigentlich nicht besonders fair. Denn an so einer Veröffentlichung haben viele unserer tollen Kollegen gearbeitet. Daher gilt unser erster Dank insbesondere Juliane, Sophie, Michaela, Lisa, Fabi, Mark und Timo. Danke für eure großartigen Ideen, eure Hilfestellung, eure Kreativität und die vielen Stunden, welche ihr für dieses Projekt aufgebracht habt.

Ein großer Dank gilt außerdem unseren Freunden aus der Grill- & BBQ-Szene. Viele von euch haben uns von Anfang an unterstützt und an uns geglaubt. Ihr habt uns mit offenen Armen empfangen und seid mit uns gemeinsam gewachsen. Danke für eure fantastischen Rezepte in diesem Buch: You are my heros.

Ankerkraut wäre nicht Ankerkraut ohne unser tolles Team. Auch wenn nicht jeder der mittlerweile 70 Kollegen aktiv am Buch beteiligt war, so wären wir heute nicht da, wo wir jetzt sind. Danke an jeden einzelnen von euch. Ihr seid toll und wir sind stolz, dass ihr bei uns seid.

Zusätzlich danken wir unserem Vertriebsparnter RILA Feinkost für die unermüdliche Unterstützung im Lebensmitteleinzelhandel. Ein besonderer Dank auch an den deutschen Lebensmitteleinzelhandel, welcher uns mittlerweile breit gelistet hat. Natürlich gilt dieser Dank auch unseren zahlreichen Fachhändlern und Partnern, die uns auf unserer Reise in den letzten fünf Jahren begleitet haben. Ihr seid klasse, danke für den Glauben an uns. Wir werden dies nicht vergessen.

Unser Konstrukt, diese Firma als Ehepaar mit kleinen Kindern zu leiten, funktioniert nur, wenn man eine starke Familie im Hintergrund hat. Liebe Familien Lemcke, Glatzel, Schwoch, Blüm, Knievel: ihr seid die beste Familie, die wir uns wünschen können. Wir haben euch lieb.

Last but not least gilt unser Dank natürlich vor allem euch: unseren Kunden. Euer grandioses Feedback macht uns immer wieder aufs Neue sprachlos. Euer Enthusiasmus ist unser Antrieb. Wir sind sehr dankbar. Danke insbesondere an die Ankerkraut Family, alle Fans und Kunden in unserer Community.

Herzliche Grüße von

Anne & Stefan

IMPRESSUM

©2020 Ankerkraut GmbH, Niedersachsen
2. Auflage
Alle Rechte vorbehalten.

Ankerkraut GmbH
Reindorfer Osterberg 75
21266 Jesteburg

AUTOREN	Anne und Stefan Lemcke
PROJEKTLEITUNG	Juliane Lackner
TEXT	Sophie Bruhn
LEKTORAT	Wiebke Till, Wiebkes Wortstation
DESIGN & ART DIRECTION	Michaela Vargas Coronado
FOTOGRAFIE	Antje Plewinski
FOODSTYLING	Max Faber und Anke Rabeler
REZEPTENTWICKLUNG	Anne & Stefan Lemcke mit Anke Rabeler und Max Faber
REZEPTÜBERARBEITUNG	Anke Rabeler und Max Faber
DRUCK	BEISNER DRUCK GmbH & Co. KG Müllerstraße 6 21244 Buchholz in der Nordheide
ISBN	978-3-00-067122-7

www.ankerkraut.de
Bei Fragen und Anregungen
melde dich gerne unter
lotse@ankerkraut.de